PLANO DE NEGÓCIOS
EXEMPLOS PRÁTICOS

O GEN | Grupo Editorial Nacional – maior plataforma editorial brasileira no segmento científico, técnico e profissional – publica conteúdos nas áreas de ciências sociais aplicadas, exatas, humanas, jurídicas e da saúde, além de prover serviços direcionados à educação continuada e à preparação para concursos.

As editoras que integram o GEN, das mais respeitadas no mercado editorial, construíram catálogos inigualáveis, com obras decisivas para a formação acadêmica e o aperfeiçoamento de várias gerações de profissionais e estudantes, tendo se tornado sinônimo de qualidade e seriedade.

A missão do GEN e dos núcleos de conteúdo que o compõem é prover a melhor informação científica e distribuí-la de maneira flexível e conveniente, a preços justos, gerando benefícios e servindo a autores, docentes, livreiros, funcionários, colaboradores e acionistas.

Nosso comportamento ético incondicional e nossa responsabilidade social e ambiental são reforçados pela natureza educacional de nossa atividade e dão sustentabilidade ao crescimento contínuo e à rentabilidade do grupo.

JOSÉ DORNELAS

PLANO DE NEGÓCIOS
EXEMPLOS PRÁTICOS

3ª edição

- Planos de negócios completos, analisados e comentados em detalhe
- Inclui planilhas financeiras explicadas passo a passo

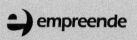

- O autor deste livro e a editora empenharam seus melhores esforços para assegurar que as informações e os procedimentos apresentados no texto estejam em acordo com os padrões aceitos à época da publicação, *e todos os dados foram atualizados pelo autor até a data de fechamento do livro.* Entretanto, tendo em conta a evolução das ciências, as atualizações legislativas, as mudanças regulamentares governamentais e o constante fluxo de novas informações sobre os temas que constam do livro, recomendamos enfaticamente que os leitores consultem sempre outras fontes fidedignas, de modo a se certificarem de que as informações contidas no texto estão corretas e de que não houve alterações nas recomendações ou na legislação regulamentadora.

- Data de fechamento do livro: 03/02/2023

- O autor e a editora se empenharam para citar adequadamente e dar o devido crédito a todos os detentores de direitos autorais de qualquer material utilizado neste livro, dispondo-se a possíveis acertos posteriores caso, inadvertida e involuntariamente, a identificação de algum deles tenha sido omitida.

- Atendimento ao cliente: (11) 5080-0751 | faleconosco@grupogen.com.br

- Direitos exclusivos para a língua portuguesa
  Copyright © 2023 by
  Editora Atlas Ltda.
  Uma editora integrante do GEN | Grupo Editorial Nacional
  Travessa do Ouvidor, 11
  Rio de Janeiro – RJ – 20040-040
  www.grupogen.com.br

- Reservados todos os direitos. É proibida a duplicação ou reprodução deste volume, no todo ou em parte, em quaisquer formas ou por quaisquer meios (eletrônico, mecânico, gravação, fotocópia, distribuição pela Internet ou outros), sem permissão, por escrito, da Editora Atlas Ltda.

- Capa: Manu | OFÁ Design

- Editoração Eletrônica: Marcelo S. Brandão

- A 2ª edição foi publicada pela Editora Empreende.

- Ficha catalográfica

CIP-BRASIL. CATALOGAÇÃO NA PUBLICAÇÃO
SINDICATO NACIONAL DOS EDITORES DE LIVROS, RJ

D757p
Dornelas, José

Plano de negócios : exemplos práticos / José Dornelas. - 3. ed. - Barueri [SP] : Atlas, 2023.

ISBN 978-65-5977-474-6
1. Empreendedorismo. 2. Planejamento estratégico. 3. Sucesso nos negócios. I. Título.

23-82046　　　　　　　　　　　　　　　　　　　　CDD: 658.4012
　　　　　　　　　　　　　　　　　　　　　　　　　CDU: 005.51

Meri Gleice Rodrigues de Souza - Bibliotecária - CRB-7/6439

AUTOR

José Dornelas é um dos maiores especialistas brasileiros em empreendedorismo e plano de negócios, e um dos mais requisitados conferencistas sobre o tema no país.

Foi *Visiting Scholar* na Columbia University, em New York, e no Babson College, em Massachusetts – instituição considerada a principal referência internacional em empreendedorismo –, onde também realizou seu pós-doutorado.

É doutor, mestre e engenheiro pela Universidade de São Paulo (USP). Leciona em cursos de MBA na Universidade de São Paulo (USP) e na Fundação Instituto de Administração (FIA), e atua como professor convidado em escolas de renome no país e no exterior.

Autor de mais de 20 livros que se tornaram referência sobre os temas empreendedorismo e plano de negócios, fundou várias empresas e já assessorou dezenas das maiores empresas brasileiras e centenas de empreendedores.

Mantém o *site* www.josedornelas.com.br, com cursos, vídeos, informações e dicas para empreendedores e acadêmicos.

AGRADECIMENTOS

Durante mais de duas décadas lecionando no MBA da Escola Politécnica da Universidade de São Paulo (Poli-USP), convivi com profissionais extremamente capacitados e alunos sedentos pelo tema empreendedorismo. Ao longo dos anos, a disciplina Empreendedorismo e Plano de Negócios sempre contou com demanda crescente e grande interesse dos alunos dos diversos programas de MBA. Isso provavelmente tem ocorrido devido ao fato de os temas empreendedorismo e plano de negócios despertarem nesses profissionais/alunos um desejo bastante presente em todos os brasileiros: empreender o negócio próprio.

Uma das atividades mais comuns em cursos de empreendedorismo é o desenvolvimento de um plano de negócios, geralmente por grupos de alunos. Na disciplina que leciono na USP, não é diferente. Alguns dos alunos com os quais convivi durante esses anos construíram planos de negócios brilhantes, bem elaborados e factíveis de implantação. Houve, inclusive, um grupo de alunos que se sagrou campeão nacional em um concurso anual promovido pelo banco Santander, concorrendo com centenas de outros grupos de todo o país.

Ao longo de minha carreira como escritor, acadêmico e empreendedor, tenho ajudado dezenas de empreendedores no desenvolvimento de seus planos de negócios. Agora, a partir da experiência bem-sucedida com meus alunos da

USP, resolvi compartilhar com outros professores, alunos, empreendedores e demais profissionais, incluindo você, um pouco do resultado que tem sido obtido nessa disciplina.

Este livro apresenta planos de negócios completos, desenvolvidos a partir dos originais escritos por meus alunos no MBA da USP e que foram analisados em detalhes. Os planos não são infalíveis e os comentários visam auxiliar o leitor em sua análise mais criteriosa e, assim, aprender a fazer seu próprio PN a partir de exemplos práticos.

Esta obra só se tornou realidade porque os autores dos planos de negócios originais disponibilizaram seu conteúdo para que fossem editados e utilizados como base aos planos aqui publicados. A eles, meu maior agradecimento: *Edison Saquetti, Everton Lima, Flávia Arante, Gustavo Marques, José Adilson da Silva, José Daniel Terra, José Manfrim, Juliana Vianna, Lan Chi Cheng, Leonardo Balbino, Rodrigo Trevizan, Rogério Goes, Rosangela Danin Freitas, Ubiratan Drimel* e *Willian Oya*.

Agradeço especialmente ao amigo Paulo Kaminski, professor e coordenador do Programa de Educação Continuada da Escola Politécnica da USP, pelo apoio e convívio ao longo desses anos de jornada empreendedora na USP.

SUMÁRIO

Capítulo 1 Construindo planos de negócios a partir de exemplos práticos 1

1.1 Planilhas financeiras disponíveis para *download* 2

1.2 A estrutura do livro 2

1.3 A estrutura de plano de negócios dos exemplos do livro 2

1.4 Perguntas-chave de cada seção do plano de negócios 3
    I. Sumário executivo 3
    II. Conceito do negócio 6
    III. Mercado e competidores 7
    IV. Equipe de gestão 9
    V. Produtos e serviços 10

VI.	Estrutura e operações	10
VII.	Marketing e vendas	12
VIII.	Estratégia de crescimento	13
IX.	Finanças	15

Capítulo 2 Plano de negócios de uma escola de empreendedorismo para crianças 19

- **Criança feliz**
  Escola de empreendedorismo, finanças e idiomas para crianças 21

  1. Sumário Executivo 23
     - Conceito do negócio 23
     - Mercado e competidores 23
     - Equipe de gestão 23
     - Produtos e serviços 23
     - Estrutura e operações 24
     - Marketing e projeção de vendas 24
     - Estratégia de crescimento 24
     - Finanças 24
  2. Conceito do Negócio 25
  3. Mercado e Competidores 25
     - O setor de educação no Brasil 25

Análise de pesquisa primária realizada sobre educação complementar 26

    Comportamento junto aos filhos 27

    Educação complementar 27

    Formatação dos produtos *Boot Camp* 27

Competidores 28

4. Equipe de Gestão 28

5. Produtos e Serviços 30

    Conceito pedagógico diferenciado 30

    Professores e monitores 30

    Boot Camp 30

    Público-alvo 31

    Cursos 31

6. Estrutura e Operações 31

7. Marketing e Vendas 32

    Posicionamento 32

    Preço 32

    Praça 33

    Propaganda/comunicação 33

    Projeção de vendas 34

8. Estratégia de Crescimento 35

9. Finanças 37

Capítulo 3 Plano de negócios de uma loja de produtos artesanais 43

- **Casa de artesanato**
  Artesanato, decoração e sustentabilidade 45

  1. Sumário Executivo 47
     Conceito do negócio e a oportunidade 47
     Mercado e competidores 47
     Equipe de gestão 47
     Produtos/serviços e vantagens competitivas 48
     Estrutura e operações 48
     Marketing e vendas 48
     Finanças 48
     Condições para aporte de recursos 48

  2. Conceito do Negócio 49

  3. Mercado e Competidores 50
     Análise do setor 50
         Mercado de decoração no Brasil 50
         Ações de fomento ao setor de artesanato brasileiro 50
         Franquia de decorações 50
         Mercado de *shopping centers* 51
     Mercado-alvo 51
     Análise da concorrência 53

4. Equipe de Gestão 56
   Diretor Comercial/Marketing: Norton Mali 56
   Diretor Administrativo/Financeiro: Soni Tiequa .. 56

5. Produtos e Serviços 58

6. Estrutura e Operações 60

7. Marketing e Vendas 61
   Posicionamento 62
   Preço 62
   Praça 62
   Propaganda/comunicação 62
   Projeção de vendas mensais 63
      Premissa de público estimado 63

8. Estratégia de Crescimento 65

9. Finanças 67

Capítulo 4 Plano de negócios de um *site* que vende produtos orgânicos 73

- **Organika**
  Comércio eletrônico de produtos orgânicos 75

  1. Sumário Executivo 77
     Conceito do negócio 77

Mercado e competidores 77
Equipe de gestão 77
Produtos e serviços 77
Estrutura e operações 78
Marketing e vendas 78
Estratégia de crescimento 78
Finanças 78
    Oferta e necessidade de aporte de recursos . 78

2. Conceito do Negócio 79

3. Mercado e Competidores 80
   E-commerce de produtos alimentícios no Brasil 80
   Mercado-alvo 80
   Análise da concorrência 84
   Variedade de itens 86

4. Equipe de Gestão 87

5. Produtos e Serviços 89

6. Estrutura e Operações 90

7. Marketing e Vendas 91
   Posicionamento 91
   Preço 91
   Praça 91
   Promoção/comunicação 92
   Projeção de vendas 92

8. Estratégia de Crescimento 93

    Forças 93

    Fraquezas 94

    Oportunidades 94

    Ameaças 94

    Objetivos e metas 94

9. Finanças 95

Material complementar 101

CAPÍTULO 1

CONSTRUINDO PLANOS DE NEGÓCIOS A PARTIR DE EXEMPLOS PRÁTICOS

A proposta deste livro

Devido ao grande sucesso do livro *Plano de negócios – seu guia definitivo*, que tem sido muito bem aceito pelos leitores e, entre outros aspectos, teve a praticidade de apresentar os conceitos que envolvem um plano de negócios como seu maior trunfo, surgiu a ideia de se dar continuidade àquela obra, agora por meio de um livro que apresentasse mais exemplos de planos de negócios. Assim, foi desenvolvido o livro *Plano de negócios – exemplos práticos*, seguindo a mesma metodologia e abordagem prática. Este livro busca complementar o primeiro título e atender à crescente demanda de alunos, professores, clientes e demais públicos que precisam desenvolver um plano de negócios de maneira objetiva e não têm tempo para se aperfeiçoar com profundidade acerca dos temas que envolvem o assunto. Trata-se de um livro objetivo, direto, contendo três diferentes exemplos completos de planos de negócios, analisados e comentados em detalhes, e que pretende oferecer ao leitor um guia prático para o desenvolvimento de seu plano de negócios.

1.1 Planilhas financeiras disponíveis para *download*

Além do livro impresso, vários recursos *on-line* são disponibilizados no *site* do autor (www.josedornelas.com.br) para complementar o aprendizado e o conhecimento, com destaque para as planilhas financeiras de cada plano de negócios do livro, também comentadas em detalhes.

1.2 A estrutura do livro

Este livro está estruturado em quatro capítulos. O Capítulo 1 apresenta a proposta do livro e uma síntese sobre o tema plano de negócios, sua estrutura e principais seções. Os Capítulos 2, 3 e 4 apresentam três diferentes planos de negócios completos, analisados e comentados para auxiliar você a desenvolver seu próprio plano de negócios.

1.3 A estrutura de plano de negócios dos exemplos do livro

Os planos de negócios apresentados nos Capítulos 2, 3 e 4 seguem estruturas similares. Cada plano é apresentado sempre com comentários sobre cada seção e sugestões que ratificam o que foi apresentado ou indicam pontos de atenção e que poderiam ser mais bem desenvolvidos no plano em questão. O leitor notará que os planos de negócios apresentados, apesar de bem estruturados, não são infalíveis e não garantem que o negócio implementado a partir deles será um sucesso. Isso porque, em empreendedorismo, o ato de planejar auxilia o empreendedor a mensurar os riscos e aumentar as chances de sucesso, mas não garante que os resultados almejados serão alcançados com 100% de certeza.

Os comentários apresentados para cada plano procuram, ainda, indicar se o texto atendeu às **questões-chave** que devem ser consideradas pelo empreendedor quando estiver desenvolvendo cada seção de seu plano de negócios. A estrutura proposta neste livro e as questões-chave para cada seção do plano de negócios são apresentadas a seguir. Um detalhamento e explicações completas sobre a teoria que discorre sobre cada seção podem ser encontrados no livro **Plano de negócios – seu guia definitivo**.

Estrutura de plano de negócios

I. *Sumário executivo*
II. *Conceito do negócio*
III. *Mercado e competidores*
IV. *Equipe de gestão*
V. *Produtos e serviços*
VI. *Estrutura e operações*
VII. *Marketing e vendas*
VIII. *Estratégia de crescimento*
IX. *Finanças*

1.4 Perguntas-chave de cada seção do plano de negócios

As perguntas-chave de cada seção apresentada a seguir são classificadas por letras A, B, C... e estão dentro de um quadro em destaque. Assim, ao ler e analisar os planos de negócios apresentados nos próximos capítulos, você notará que os comentários feitos sempre remeterão a essas perguntas e suas respectivas letras A, B, C... Recomenda-se ao leitor recorrer a este capítulo para relembrar as perguntas-chave e, assim, ter melhor entendimento dos comentários apresentados.

I. SUMÁRIO EXECUTIVO

O Sumário Executivo (SE) é utilizado como um chamariz, já que é uma apresentação sintetizada do plano completo.

Por isso, deve ser escrito com atenção e com enfoque na venda do conceito de negócio, mostrando seu potencial de retorno e eventuais contrapartidas a parceiros/investidores interessados na empresa. Alguns detalhes que não podem ser esquecidos pelo empreendedor ao elaborar um SE são apresentados a seguir.

- Trata-se da seção mais importante do plano de negócios.
- Deve ser feito por último, já que necessita do conteúdo das demais seções do PN para ser escrito.
- Deve ser apresentado no início do plano de negócios, já que deve ser a primeira seção a ser lida.
- Deve responder às perguntas: *O quê? Quanto? Onde? Como? Por quê? Quando?* Essas são perguntas que geralmente buscam respostas como "o negócio é...", "a empresa atua nos mercados...", "nossa estratégia será...", "os investimentos necessários são de...", "estamos buscando tais recursos com os fundos...", "a empresa precisará desse aporte até o mês...", "o investimento será retornado ao investidor em...".

O Sumário Executivo mostra:

> A. Quem você é (O que é o negócio e seu modelo de negócio? Quem está envolvido no negócio? Por que você e sua equipe são especiais para esse negócio?).
> B. Qual é sua estratégia/visão (Como você pretende desenvolver a empresa e aonde quer chegar?).
> C. Qual é seu mercado (Qual é a oportunidade de negócio? Qual o mercado-alvo e por que se mostra promissor?).
> D. Quanto de investimento você precisa e o que fará com ele (Qual o investimento, como será usado e quando será necessário?).
> E. Quais são suas vantagens competitivas (Quais os diferenciais de sua empresa?).

O Sumário Executivo não é:

- Um simples resumo do PN (Note que uma síntese bem elaborada, destacando as principais seções do PN, é mais contundente que um simples resumo).
- Uma introdução (Não se trata da apresentação prévia do PN, mas de um PN enxuto).
- Um prefácio (Não se trata de um texto extra, mas de um texto que mostra em poucas páginas o que será encontrado em detalhes à frente).
- Uma coletânea de "*highlights*" (Não se trata de um conjunto de cópias de partes do texto completo do PN; o texto do SE deve ser original e objetivo, podendo até aproveitar partes específicas do PN completo, mas de maneira que passe o recado em poucas linhas).

Uma possível maneira de se estruturar o SE é apresentada a seguir:

1. *Conceito do Negócio e a Oportunidade*
   Seu texto enxuto (poucas linhas)

2. *Mercado e Competidores*
   Seu texto enxuto (poucas linhas)

3. *Equipe de Gestão*
   Seu texto enxuto (poucas linhas)

4. *Produtos/Serviços e Vantagens Competitivas*
   Seu texto enxuto (poucas linhas)

5. *Estrutura e Operações*
   Seu texto enxuto (poucas linhas)

6. *Marketing e Projeção de Vendas*
   Seu texto enxuto (poucas linhas)

7. *Estratégia de Crescimento*
   Seu texto enxuto (poucas linhas)

8. *Finanças*

> *Seu texto enxuto (poucas linhas)*

9. *Condições para Aporte de Recursos (necessidades/contrapartidas)*

> *Seu texto enxuto (poucas linhas)*

II. CONCEITO DO NEGÓCIO

O que é ou será o seu negócio? O que sua empresa vende? Para quem sua empresa vende? Essas perguntas precisam ser respondidas de forma intuitiva ao se ler a descrição do conceito de negócio. Caso sua empresa já exista, você precisa apresentar um breve histórico com as principais realizações, faturamento, número de clientes, número de funcionários, crescimento da empresa nos últimos anos, diferenciais etc.

Uma empresa iniciante deve ter clareza de seu propósito, aonde quer chegar (visão de futuro) e quais serão os valores e premissas para esse crescimento. Não há necessidade de se definirem frases com a descrição da visão e da missão do negócio, mas você precisa deixar claro o que pretende com a criação desse negócio.

De maneira sucinta, mostre por que você pode fazer com que essa empresa seja bem-sucedida, qual é a oportunidade de negócio e quais serão os principais produtos e serviços (você não deve descrever em detalhes, apenas passar uma ideia inicial do que você vende, pois haverá uma seção do plano de negócios destinada só aos produtos/serviços).

Além disso, você precisa apresentar, também de forma sucinta, como será a estrutura legal da empresa, a composição societária, se possui certificações, licenças ou quaisquer outros requisitos legais necessários para funcionar (você não precisa detalhar essa parte, e poderá inserir documentos no anexo do plano, caso julgue necessário).

Mostre ainda a localização da empresa, se há filiais e quais terceiros e parceiros-chave são fundamentais para o sucesso do negócio.

Note que essa seção do plano de negócios é mais descritiva, mas você precisa prezar pela objetividade. *OBS.: esta é a única seção para a qual não há perguntas-chave!*

III. MERCADO E COMPETIDORES

A análise de mercado deve ser feita em algumas etapas. A primeira refere-se à análise setorial, ou seja, em que ramo de negócios a empresa vai atuar? Como esse setor é organizado? Que tipos de empresas atuam no setor? Qual é o tamanho do mercado? Quem domina o mercado ou quais são os principais competidores? Observe que muitas dessas informações podem ser obtidas da análise de oportunidade, caso você tenha feito uma.

Em seguida, mostre no plano de negócios qual é o mercado-alvo ou o nicho de mercado que sua empresa vai focar inicialmente dentro desse setor. Essa análise pode, ou não, ser mais detalhada que a análise setorial. Ao apresentar a análise do nicho de mercado, você deve ainda mostrar quais são as necessidades dos clientes em potencial que ainda não são satisfatoriamente atendidas, ou seja, onde está a oportunidade.

Após essas duas análises, faça uma descrição comparativa (use uma tabela) de seus principais concorrentes, apresentando os pontos fracos e fortes tanto deles como os seus. Essa análise é útil para você entender como se posicionar no mercado, buscando atender clientes que não são atendidos pelos competidores atuais. Assim, você pode mostrar que terá vantagem competitiva em relação aos principais concorrentes.

Utilize como referência as questões a seguir para guiar sua análise de mercado. Note que são várias questões e que as responder por completo é quase impossível. Por isso, foque seus esforços em entender como o mercado se comporta e como sua empresa poderá se aproveitar das lacunas ainda não preenchidas pela concorrência.

Análise do setor – Descreva o setor de negócio, seu histórico e as projeções do mercado e as tendências para o futuro. Perguntas-chave às quais você precisa responder:

A. Quais são as tendências nesse setor?
B. Quais fatores estão influenciando as projeções de mercado?
C. Por que o mercado se mostra promissor?
D. Qual o tamanho do mercado em R$, número de clientes e competidores? Como será o mercado nos próximos anos?
E. Como o mercado está estruturado e segmentado?
F. Quais são as oportunidades e riscos do mercado?

Mercado-alvo – Perguntas-chave às quais você precisa responder para entender o segmento ou nicho de mercado:

G. Qual é o perfil do comprador?
H. O que ele está comprando atualmente?
I. Por que ele está comprando?
J. Quais fatores influenciam a compra?
K. Quando, como e com que periodicidade é feita a compra?
L. Onde ele se encontra? Como chegar até ele?

Análise da concorrência – Perguntas-chave às quais você precisa responder:

M. Quem são seus concorrentes?
N. De que maneira seu produto ou serviço pode ser comparado ao dos concorrentes?
O. De que maneira ele está organizado?
P. Ele pode tomar decisões mais rápidas do que você?
Q. Ele responde rapidamente a mudanças?
R. Ele tem uma equipe gerencial eficiente?
S. A concorrência é líder ou seguidora no mercado?
T. Eles poderão vir a ser seus concorrentes no futuro?

IV. EQUIPE DE GESTÃO

Nesta seção você deve descrever os principais executivos/gestores de seu negócio, mostrando seus pontos fortes, experiência, nível de adequação e envolvimento com o negócio. As pessoas são o ativo mais importante de qualquer empresa, ou seja, um fator crítico de sucesso. Por isso, o plano de negócios deve mostrar que a equipe de nível estratégico está preparada para fazer a empresa crescer. Algumas questões críticas às quais você precisa responder por meio da descrição da equipe de gestão são listadas a seguir.

> **A.** Quem são os principais envolvidos no negócio? (áreas administrativa/gerencial, marketing/vendas, técnica/produção, financeira etc.)
> **B.** De onde eles vêm?
> **C.** Qual é a experiência prévia de cada um?
> **D.** A equipe é complementar?
> **E.** Quais são as responsabilidades de cada área?
> **F.** O que (quem) está faltando?

Algumas dicas extras:

- Descreva as áreas-chave do negócio e faça uma associação com as pessoas que ocupam essas posições.
- Explicite a competência externa (outras áreas ou pessoas de fora da empresa) de que você poderá vir a precisar.
- Faça uma previsão dos recursos humanos necessários para quando o negócio crescer, bem como deixe clara sua política de recursos humanos e de contratação de pessoal, benefícios oferecidos e custos de pessoal. Essas informações serão úteis na planilha que você está usando para projetar os custos do negócio conforme a empresa cresce.
- Anexe os *Curricula Vitae* resumidos (uma página) dos principais executivos e mostre que eles são capazes de superar os desafios que estão por vir.

V. PRODUTOS E SERVIÇOS

Nesta seção, você deve descrever de maneira objetiva (sem entrar em detalhes técnicos, que podem ser colocados em anexo no plano de negócios) quais são seus produtos e serviços. Além disso, procure destacar os seguintes atributos referentes aos produtos/serviços que sua empresa vai ofertar:

> **A.** Benefícios* e Diferenciais: Quais são os benefícios proporcionados por seus produtos/serviços e o que os torna especiais?
> **B.** Utilidade e Apelo: Qual é a finalidade dos produtos/serviços, para que servem, qual o apelo que procuram atender?
> **C.** Tecnologia, P&D (Pesquisa e Desenvolvimento), Patentes (Propriedade Intelectual): Há inovação tecnológica? Você domina a tecnologia? Há alguma patente?
> **D.** Ciclo de Vida: Em que estágio do ciclo de vida encontra-se o produto/serviço?

VI. ESTRUTURA E OPERAÇÕES

Note que a seção de Estrutura e Operações é uma continuação da seção de Produtos e Serviços e também de Equipe de Gestão. Por isso, você pode incluir aqui informações que não tenham ficado claras nas seções anteriores, mas sempre priorizando a objetividade. Assim, alguns tópicos são questionados novamente nesta seção. Mas não há necessidade de se repetir o mesmo conteúdo no PN, caso você já tenha tratado do tema nas seções de Produtos e serviços ou Equipe de gestão.

---

* Ao descrever um produto ou serviço, é comum e mais fácil falar de suas características, mas no plano de negócios o mais importante é ressaltar os benefícios que o cliente tem ao utilizar seus produtos e serviços. Você deve explicar por que seus produtos/serviços se diferenciam dos da concorrência e por que os clientes escolheriam sua empresa. Em síntese, busque responder à pergunta: "O que há de especial nos produtos/serviços de sua empresa?"

A. Pesquisa e Desenvolvimento: Há uma área ou política de P&D e um plano de investimentos nesse setor?

B. Alianças Estratégicas: Quais parceiros são chave para o negócio prosperar?

C. Tecnologia: Você detém o conhecimento tecnológico? Ou sabe como obtê-lo?

D. Critérios de Seleção de Produtos: Como é a política de investimento em novos produtos?

E. Produção e Distribuição: Há uma estrutura de manufatura? Quem faz a distribuição dos produtos acabados?

F. Serviços Pós-venda: Há uma estrutura dedicada a esse setor na empresa?

G. Propriedade Intelectual (marcas e patentes): Você detém o direito de uso da marca/patente? Há diferencial competitivo e inovação no que você faz?

H. Regulamentações e Certificações: Há questões legais críticas para o negócio funcionar? Sua empresa atende a essas demandas legais?

Além disso, considere os seguintes tópicos que podem ser incluídos na seção de Estrutura e Operações:

- Organograma funcional (*caso ainda não tenha sido inserido na seção de* Equipe de Gestão).
- Máquinas e equipamentos necessários.
- Processos de negócio.
- Processos de produção e manufatura (caso se aplique).
- Política de recursos humanos (salários, benefícios, promoções, plano de carreira...).
- Previsão de recursos humanos (*caso ainda não tenha sido inserida na seção de* Equipe de Gestão).
- Fornecedores (serviços, matéria-prima etc.).

- Infraestrutura e planta (*layout*).
- Infraestrutura tecnológica.

VII. MARKETING E VENDAS

Há várias maneiras de se estruturar e descrever uma estratégia de marketing, porém a mais comum e simples foca nos chamados 4Ps (posicionamento do produto/serviço, preço, praça, promoção). Ao desenvolver uma proposição de estratégia que foque nesses quatro temas, você estará construindo as bases para fazer sua empresa crescer. As sugestões a seguir aplicam-se tanto a empresas já existentes quanto às iniciantes. Ao descrever a estratégia de marketing de seu plano de negócios, não há necessidade de se abordarem todos os aspectos aqui citados, já que constituem opções estratégicas, e não uma imposição!

A. Posicionamento (produto/serviço): Como você quer que seus produtos/serviços sejam vistos e percebidos pelos clientes? Como você vai se diferenciar da concorrência?
  - Promover mudanças na combinação/portfólio de produtos.
  - Retirar, adicionar ou modificar o(s) produto(s).
  - Mudar *design*, embalagem, qualidade, desempenho, características técnicas, tamanho, estilo, opcionais.
  - Consolidar, padronizar ou diversificar os modelos.

B. Preço: Qual a política de preços que sua empresa vai praticar?
  - Definir preços, prazos e formas de pagamentos para produtos ou grupos de produtos específicos, para determinados segmentos de mercado.
  - Definir políticas de atuação em mercados seletivos.
  - Definir políticas de penetração em determinado mercado.
  - Definir políticas de descontos especiais.

> C. Praça (canais de distribuição): Como seus produtos/serviços chegarão até os clientes?
> - Usar canais alternativos.
> - Melhorar o prazo de entrega.
> - Otimizar a logística de distribuição.
>
> D. Propaganda/comunicação: Como seus clientes ficarão sabendo de seus produtos/serviços?
> - Definir novas formas de vendas; mudar equipe e canais de vendas.
> - Mudar política de relações públicas.
> - Mudar agência de publicidade e definir novas mídias prioritárias.
> - Definir feiras/exposições que serão priorizadas.
>
> E. Projeção de vendas e participação de mercado: Quanto sua empresa vai vender e quando? Quanto de participação de mercado sua empresa vai conseguir e quando?

VIII. ESTRATÉGIA DE CRESCIMENTO

Ao descrever a estratégia de crescimento no plano de negócios, você estará mostrando como sua empresa atingirá seus objetivos para se desenvolver continuamente, com vistas a superar os desafios que virão. Você pode iniciar esta seção do plano de negócios com a definição da visão de negócio de sua empresa (O que sua empresa será no futuro?) e sua missão (Qual é a razão de ser de seu negócio?), mas não há a necessidade de se criarem frases de efeito, que nem sempre têm um significado prático. O mais importante é ter clareza de propósito e deixar isso descrito de maneira simples e direta no plano de negócios.

Para definir a estratégia, a empresa deve estar preparada para monitorar mudanças macroambientais (demográficas, econômicas, tecnológicas, políticas, legais, sociais e culturais) e microambientais (perfil e hábito dos consumidores, concorrentes, canais de distribuição, fornecedores etc.). A maneira mais adequada de se fazer essa análise é por meio de uma matriz SWOT (*Strengths, Weaknesses, Opportunities, Threats* – forças, fraquezas, oportunidades e ameaças). Após a construção da matriz SWOT, você pode definir os objetivos e as metas da empresa e, então, sua estratégia de crescimento.

OBS.: Objetivos são resultados abrangentes com os quais a empresa assume um compromisso definitivo. Metas são declarações específicas que se relacionam diretamente com determinado objetivo. Diferenças: objetivo relaciona-se com palavras (esboçando o quadro geral), e meta, com números (complementando-o com os detalhes específicos).

Em síntese, busque responder às seguintes questões na seção de Estratégia de Crescimento:

> A. O que faz sua empresa? Qual é a razão de ser de seu negócio? O que sua empresa será no futuro?
> B. Quais são as forças de seu negócio?
> C. Quais são as fraquezas de seu negócio?
> D. Quais são as principais oportunidades existentes para sua empresa?
> E. Quais são os principais riscos para sua empresa? Como você pretende enfrentá-los caso venham a ocorrer?
> F. Quais são os objetivos e metas de seu negócio?
> G. Quais são as estratégias que sua empresa vai utilizar para cumprir seus objetivos de negócio?

Além de descrever a estratégia de crescimento do negócio, caso julgue relevante, você pode ainda apresentar um cronograma com as principais atividades que serão desenvolvidas nos próximos meses/anos a partir da implantação do plano de negócios.

IX. FINANÇAS

Algumas considerações importantes para você refletir sobre a seção de Finanças de um plano de negócios:

- Deve refletir em números toda a estratégia do negócio.
- Deve mostrar os investimentos necessários e as possibilidades de retornos (e as estratégias de saída para o investidor, caso o plano considere a busca de recursos externos como um objetivo).
- Deve incluir uma previsão de receitas com horizonte de médio prazo (em média, cinco anos).
- Deve mostrar o prazo para o retorno do investimento com base no fluxo de caixa do negócio (ou área/setor, para o caso de empresas já estabelecidas).
- Deve utilizar métricas e índices de retorno sobre o investimento para mostrar a viabilidade financeira do negócio.

Uma maneira simples e eficaz de se apresentar a seção de Finanças de um plano de negócios envolve o seguinte conjunto de informações:

> **A.** Investimentos (usos e fontes): Quanto de recursos financeiros sua empresa precisa para iniciar a operação? Além do momento inicial, haverá necessidade de recursos em quais outros momentos? De onde virão esses recursos? Como os recursos serão utilizados?
>
> **B.** Composição de Custos e Despesas: Apresente, em formato de planilha, os principais custos e despesas que decorrem da operacionalização do negócio. Em síntese, quais são os principais custos/despesas da empresa?
>
> **C.** Principais Premissas (base para as projeções financeiras): Quais são as premissas, ou as referências utilizadas para se chegar às projeções apresentadas? É importante explicar como uma planilha financeira é feita, para que o leitor entenda a lógica utilizada no memorial de cálculo.

> D. Evolução dos Resultados Financeiros e Econômicos (horizonte de cinco anos, mês a mês no primeiro ano e trimestral ou semestral nos demais).
>   – Demonstrativo de Resultados: Quais resultados serão obtidos com o negócio nos próximos anos?
>   – Fluxo de Caixa: Qual é o fluxo de caixa da empresa para os próximos anos?
>   – Balanço patrimonial (opcional): Qual é o balanço projetado para a empresa nos próximos anos?
> E. Indicadores Financeiros de Rentabilidade e Viabilidade.
>   – Taxa Interna de Retorno: Qual é o retorno financeiro proporcionado pelo negócio?
>   – Valor Presente Líquido: Qual é o valor da empresa hoje, considerando as projeções futuras de seu fluxo de caixa?
>   – *Breakeven* e *Payback*: Quando ocorrerá o ponto de equilíbrio financeiro (ou seja, quando não há lucro nem prejuízo)? Quando ocorrerá o retorno do investimento inicial?
> F. Necessidade de Aporte e Contrapartida: Quanto de recursos será obtido/buscado junto a fontes externas de investimento/financiamento? Quais são as contrapartidas oferecidas aos investidores/bancos?
> G. Cenários Alternativos: Há cenários que demonstrem possibilidades de resultados mais otimistas? Há cenários limítrofes que não são o ideal e, mesmo assim, permitem à empresa evoluir? Note que estabelecer cenários é mais do que apenas denominá-los otimista e pessimista. Você precisa apresentar as premissas que levarão a cenários mais ou menos convidativos.

Ao fazer a análise de rentabilidade e viabilidade do negócio, você pode utilizar inúmeras técnicas, porém as mais usuais e recomendadas são as seguintes:

- Técnicas com foco no lucro: Não consideram que o valor do dinheiro muda com o tempo (ou seja, não levam em consideração questões como juros e correção monetária).
  - Retorno contábil sobre o Investimento.
  - *Payback* (prazo de retorno do investimento).

- Técnicas de fluxo de caixa descontado: Consideram os fluxos de caixa futuros que serão obtidos pela empresa e, por isso, são as mais utilizadas para se avaliar a viabilidade de um negócio, mas há exceções que inviabilizam a utilização do VPL em alguns casos (veja detalhes no livro *Como conseguir investimentos para o seu negócio*)
    - TIR (taxa interna de retorno).
    - VPL (valor presente líquido).

Um gráfico que poderá ajudar na compreensão da seção de Finanças de seu plano de negócios é o de exposição do caixa, ou seja, o que demonstra a evolução do caixa da empresa desde sua concepção até o crescimento nos meses (ou anos) iniciais. Por meio desse gráfico, você poderá obter visualmente alguns dos índices comentados anteriormente, sem necessidade de utilizar fórmulas matemáticas, como apresentado a seguir.

Note que agora poderá ficar mais claro por que um plano de negócios deve ser feito, em média, com o horizonte de tempo de cinco anos. Isso ocorre porque a maioria das empresas apresenta seu gráfico de exposição de caixa com o ponto D entre três e cinco anos. Há casos em que o ponto D ocorre além dos cinco anos. Se esse for o caso de sua empresa, então você deve fazer seu plano de negócios com um horizonte de tempo maior, até que o ponto D fique nitidamente apresentado no gráfico. Há estudos que mostram ainda que o ponto B no gráfico pode chegar, em média, a 1,7 vez (ou mais, por exemplo, para empresas pontocom) do valor do ponto A, e que a máxima exposição do caixa da empresa ocorre, em média, em dois anos (ponto C). São dados médios e que não serão exatamente iguais para seu negócio, mas servem de referência para você analisar se seu plano de negócios está próximo ou muito distante da média. Naturalmente, há setores de negócios que fogem bastante da média aqui apresentada, mas você precisará fazer a sua "lição de casa" para saber qual é a média do seu setor!

Gráfico de exposição do caixa

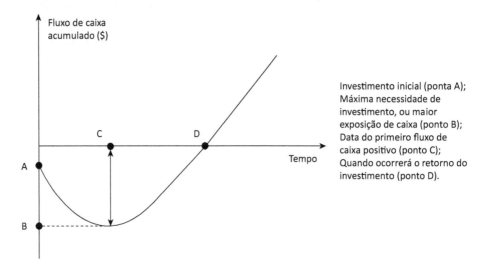

Investimento inicial (ponta A);
Máxima necessidade de investimento, ou maior exposição de caixa (ponto B);
Data do primeiro fluxo de caixa positivo (ponto C);
Quando ocorrerá o retorno do investimento (ponto D).

Obs.: As fórmulas para os cálculos dos índices financeiros apresentados nesta seção, bem como as instruções para a obtenção do gráfico de exposição do caixa, encontram-se nas planilhas financeiras dos planos de negócios deste livro (disponíveis em www.josedornelas.com.br), as quais poderão ser utilizadas livremente para a construção de seu plano de negócios.

CAPÍTULO 2

PLANO DE NEGÓCIOS DE UMA ESCOLA DE EMPREENDEDORISMO PARA CRIANÇAS*

---

* Este plano de negócios foi desenvolvido tendo como base o PN original criado pelos alunos do MBA do PECE/USP: Gustavo Paes Marques, José Adilson da Silva, José Jorge Manfrim, Rodrigo Trevizan, Willian Toshimi Oya, sob a orientação do Prof. Dr. José Dornelas.

Acesse a seção de *downloads* no *site* www.josedornelas.com.br para obter a planilha financeira completa e os anexos deste plano de negócios.

- # CRIANÇA FELIZ

  Escola de empreendedorismo, finanças e idiomas para crianças

1. SUMÁRIO EXECUTIVO

O sumário executivo deve ser objetivo e apresentar em poucas linhas e páginas a síntese do plano de negócios. A maneira como foi estruturado o SE da Criança Feliz permite ao leitor entender o que é o negócio (pergunta A) rapidamente.

Conceito do negócio

A escola de educação complementar *Criança Feliz* destina-se a crianças entre sete e 14 anos e tem por objetivo o ensino de empreendedorismo, finanças e idiomas, de maneira lúdica e inovadora. Para tanto, o principal produto oferecido será o Boot Camp, em que as crianças irão a um acampamento e receberão treinamento multidisciplinar de forma lúdica e intuitiva.

Mercado e competidores

As informações de mercado, nesta seção, devem ser objetivas, mas espera-se que na descrição mais completa do mercado e competidores, no corpo do plano, mais dados sejam mencionados, o que ajudará na sustentação do modelo de negócio e potencial de viabilidade da empresa (pergunta C).

O mercado de educação complementar para crianças e adolescentes é bastante promissor. Esse fato é reforçado pela considerável quantidade de brasileiros dentro dessa faixa etária e com projeção de crescimento de 2,39% até 2030, segundo dados do IBGE. Além disso, cerca de 40% do público-alvo do negócio (famílias de classes A e B) demonstraram interesse em investir quantias consideráveis para que seus filhos participem das atividades propostas pela *Criança Feliz*. Quanto aos competidores, não foram encontrados cursos de empreendedorismo e finanças no mercado analisado com o mesmo enfoque da *Criança Feliz*. Entretanto, há diversos concorrentes indiretos, que ofertam cursos e atividades substitutas aos propostos pela empresa e que deverão ser monitorados com atenção.

O diferencial competitivo da empresa é tratado sutilmente, dando destaque ao conteúdo dos cursos, ao caráter inovador e ao seu formato (pergunta E).

Equipe de gestão

O negócio possui três sócios, cada qual com 33,33% de participação. Trata-se de uma equipe multidisciplinar com experiência em ramos de atividade bastante distintos. Isso resulta em uma visão ampla do negócio, em que cada um é responsável por uma área de atuação específica, fazendo com que todas as diretorias sejam geridas por especialistas muito bem capacitados.

Produtos e serviços

A *Criança Feliz* é uma empresa de ensino complementar para crianças e especializada em atividades de acampamento Boot Camp. Os cursos ministrados têm por finalidade levar cada criança à expansão de seus conhecimentos por meio de atividades lúdicas, especificamente direcionadas de forma a contribuir para o desenvolvimento das habilidades que a escola deseja ensinar, contextualizando a criança dentro do mundo que a cerca. Dentre esses cursos, destacam-se o ensino de empreendedorismo e de idiomas (línguas) e a educação financeira.

Estrutura e operações

A empresa terá sede e atuará inicialmente na cidade de São Paulo e será composta por: escritório administrativo, vendas, financeiro e gestão; depósito para armazenamento de objetos, equipamentos e materiais didáticos; espaço para treinamento e preparo dos professores, monitores e demais terceirizados; van para transporte de pessoal, equipamentos e materiais.

Marketing e projeção de vendas

Como estratégia de marketing e captação de clientes, haverá orçamento anual de marketing e serão utilizadas palestras ministradas em instituições de ensino, como escolas particulares e de idiomas, telemarketing ativo, entre outras ações. A receita da empresa será de R$ 1.346.400 no primeiro ano, chegando a mais de R$ 4 milhões no quinto ano.

> *A visão da empresa é focar, nos primeiros anos de desenvolvimento, no crescimento orgânico e, depois, franquear o negócio após o ciclo inicial dos cinco primeiros anos (pergunta B).*

Estratégia de crescimento

A *Criança Feliz* tem por estratégia de crescimento de médio prazo tirar proveito de seu pioneirismo na área em que atuará para consolidar sua marca e tornar-se referência no mercado de educação infantil complementar. Consolidada no mercado, a estratégia de crescimento de longo prazo da *Criança Feliz* será embasada na padronização de seu modelo de negócio para replicação em todo o país em forma de franquias.

Finanças

O investimento inicial no negócio será de R$ 161.690,00 e a máxima necessidade de investimento é de R$ 572.071,49 (exposição do caixa no mês 6). Considerando-se uma taxa de desconto de 13%, o VPL é de R$ 963.458,27. A TIR após cinco anos é de 81%. O *post-money valuation* é de R$ 1.535.529,76, e a empresa oferece 37% do negócio aos investidores interessados em aportar R$ 572.000,00 na empresa.

> *Aqui, apresenta-se de maneira objetiva quanto de recursos a empresa precisa para sair do papel e os resultados financeiros que serão obtidos ao longo dos anos (pergunta D), mas não entra em detalhes sobre como o dinheiro será usado.*

Capítulo 2 • Plano de negócios de uma escola de empreendedorismo para crianças | 25

2. CONCEITO DO NEGÓCIO

Descreve de maneira objetiva o que é o negócio e seu diferencial (ludismo e tecnologia).

A escola de empreendedorismo e finanças *Criança Feliz* será voltada para crianças com idade entre 7 e 14 anos, cursando o ensino fundamental. Seu principal diferencial perante a concorrência será a técnica de ensino com abordagem lúdica, intuitiva e tecnológica, o que facilita o aprendizado e a retenção do conhecimento.

Falou de parcerias em potencial, mas poderia ter apresentado uma breve descrição da oportunidade, com dados de mercado sobre o setor de educação complementar para crianças.

Os cursos oferecem opções de aulas presenciais na própria escola ou em acampamentos educativos *Boot Camp*. Há ainda a possibilidade de parcerias com escolas de ensino de idiomas.

O modelo de negócios foca na venda de cursos e materiais. A visão é ambiciosa, e as projeções de crescimento apresentadas ao longo do PN deverão estar coerentes com essa premissa.

O modelo de receita da *Criança Feliz* será baseado na venda de cursos, metodologia e materiais complementares. A escola pretende ser referência nacional em ensino e práticas empreendedoras para crianças e jovens de todo o Brasil.

Não se falou da localização do negócio. É uma informação importante e que deveria ser citada aqui.

3. MERCADO E COMPETIDORES

A análise do setor apresenta com muita objetividade o grande potencial da educação de crianças no Brasil e o fato de que a tendência do setor é de crescimento (pergunta A). Mas o plano poderia ter apresentado dados que expliquem essa tendência (perguntas B e C). Não foram apresentados ainda o tamanho do mercado de educação em reais, a estrutura do setor e os riscos; esses são dados extremamente importantes em qualquer PN (perguntas D, E e F).

O setor de educação no Brasil

A oportunidade de explorar a educação empreendedora e de finanças é promissora no Brasil. Dados de projeção populacional do IBGE mostram que, em 2020, a população de crianças no ensino fundamental, que engloba a faixa etária aqui focada de 7 a 14 anos, representava 26.718.830 habitantes.

Os desafios são a reversão do abandono escolar, decorrente da pandemia da Covid-19, mas as perspectivas para a educação complementar são promissoras, ainda mais após o tema empreendedorismo ter sido considerado obrigatório pela Base Nacional Comum Curricular (BNCC) para constar no currículo das escolas.

Análise de pesquisa primária realizada sobre educação complementar

Com o intuito de delinear a oportunidade de ensino de empreendedorismo e áreas afins para crianças, os empreendedores idealizadores da *Criança Feliz* realizaram uma pesquisa de mercado primária enviando questionários via internet para 106 adultos (pais e mães) residentes na cidade de São Paulo. Os resultados dessa pesquisa validaram o conceito do negócio e foram importantes para mensurar a demanda potencial utilizada nas projeções deste plano de negócios. Além de identificar o perfil do público-alvo principal (pais e mães que são compradores potenciais), a pesquisa foi útil para a definição do portfólio de cursos que serão oferecidos pela *Criança Feliz*.

> Uma das maneiras mais eficazes de se mapear o mercado-alvo primário ou principal de qualquer negócio é a realização de pesquisas de mercado. Neste caso, os empreendedores conseguiram, por meio da pesquisa primária realizada, identificar o perfil do comprador: pais e mães das classes A e B (pergunta G); o que ele compra (pergunta H); o que influencia a compra: fatores como segurança, qualidade dos monitores etc. (pergunta J).

Perfil dos adultos (pais/mães) participantes da pesquisa primária:

- 64,3% encontram-se na faixa etária de 30 a 40 anos.
- 76,7% são casados.
- 84,6% vivem com os filhos.
- 78% têm filhos em escola particular. Destes, 45,7% pagam mensalidade superior a R$ 700,00.

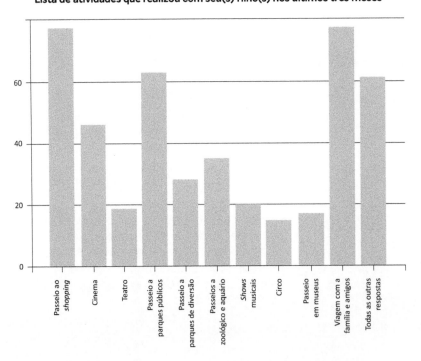

Lista de atividades que realizou com seu(s) filho(s) nos últimos três meses

Este resultado aponta que a pesquisa foi respondida principalmente por pessoas pertencentes às classes sociais A e B.

Comportamento junto aos filhos

Cerca de 75% dos respondentes dedicam mais de quatro horas semanais ao desenvolvimento de atividades exclusivas com os filhos e 50% gastam entre R$ 50 e R$ 200 por filho com essas atividades.

Entre as atividades, destacam-se passeios a *shopping center*, parques públicos e viagens com a família e os amigos.

Educação complementar

Os pais estão dispostos a investir nestas atividades. Prova disso é que cerca de 50% investiriam entre R$ 100 e R$ 250 em cursos extras para seus filhos.

Nesse cenário, destacam-se o ensino de idiomas (línguas estrangeiras) e a prática de esportes como os principais interesses na educação complementar dos filhos. Essa informação obtida com a pesquisa permitiu à equipe da *Criança Feliz* formatar seus cursos de maneira que seu conteúdo tenha essas atividades como pano de fundo para a aplicação de atividades relacionadas à educação empreendedora e financeira.

Em relação ao formato dos cursos, grande parte dos pais prefere que sejam ministrados nas escolas em que seus filhos realizam o curso de educação básica e em horários alternativos. Essa informação ajudou na estratégia de parcerias com escolas, visando diminuir problemas de sazonalidade inerentes a esse tipo de negócio. No que se refere ao *Boot Camp*, como ponto favorável, identificou-se que essa modalidade de atividade educacional conta com grande aceitação dentro do grupo de entrevistados.

Formatação dos produtos Boot Camp

Para 82% dos pais, a duração ideal de um curso complementar no formato *Boot Camp* está entre dois e quatro dias. Quase 40% dos pais estão dispostos a investir entre R$ 500 e R$ 1.000 em um único curso dessa modalidade. Essa informação foi a base para a definição de preços do *mix* de produtos ofertados. Nesse aspecto, foi importante basear o custo para uma rentabilidade adequada. Outros parâmetros importantes observados na pesquisa e que foram considerados na formatação dos produtos da *Criança Feliz* e na estratégia de divulgação são: segurança, equipe qualificada de monitores, qualidade do conteúdo do curso e refeições.

> *Apesar de não ter apresentado a informação do porquê o cliente está comprando (pergunta I), e a periodicidade e como chegar ao comprador (perguntas K e L), apresentou-se uma informação relevante para a formação do preço de venda dos produtos: o gasto médio dos pais com educação complementar e o quanto estão dispostos a desembolsar por um curso, com destaque ao expressivo desembolso aceito para cursos do tipo Boot Camp.*

Competidores

O mercado existente para esse negócio é bastante promissor, haja vista a demanda identificada na pesquisa de mercado realizada e ainda a carência de escolas e sistemas voltados ao ensino de empreendedorismo e finanças para crianças. De fato, não foi identificado um concorrente direto que desenvolva as mesmas atividades propostas pela *Criança Feliz* na região metropolitana de São Paulo. Atualmente, os principais competidores indiretos do negócio são as escolas de idiomas e os acampamentos de recreação e educacionais. Destaca-se, ainda, que todo tipo de formação complementar é um concorrente potencial para a *Criança Feliz*, tais como *camping*, acampamentos, escolas de idiomas, escolas de esportes etc.

> A análise dos competidores peca por não apresentar uma comparação entre os principais players. Note que, mesmo que você não identifique um competidor direto de seu negócio, cabe uma análise mais densa de competidores-chave indiretos, tais como: escolas de educação formal; escolas de idiomas que possam atuar na área, ONGs que atuam com jovens, entre outros. As perguntas M, N, O, P, Q, R, S, T não foram abordadas como deveriam.

O mercado de *camping* já está bem estruturado, porém as atividades são voltadas principalmente para recreação e lazer. Por exemplo, existe a Associação Brasileira de Acampamentos Educativos (ABAE), que foi criada em maio de 1999 com a finalidade de "agrupar, inter-relacionar e partilhar experiências dos acampamentos que acreditam no valor educacional dessa atividade. É um projeto elaborado e executado por profissionais preocupados com o ser humano no seu aspecto mais amplo, com uma estrutura física organizada e segura, objetivando, em última instância, o desenvolvimento da autonomia da criança e do jovem". Cada associado, utilizando toda a sua infraestrutura, desenvolve atividades específicas para a faixa etária a que atende da maneira mais adequada.

4. EQUIPE DE GESTÃO

A escola *Criança Feliz* possui três sócios com parcelas iguais de participação no negócio. Cada sócio tem vasta experiência em segmentos de negócio muito distintos. Desse modo, a sociedade buscou explorar essa ampla gama de conhecimentos para que cada área específica da empresa fosse comandada por um especialista no assunto: diretoria administrativa e financeira; diretoria comercial e de marketing e diretoria educacional.

> Uma informação importante é a composição acionária da empresa, apresentada logo no início desta seção (cada sócio detém 33,33% da empresa). Apresenta-se ainda a síntese do currículo de cada sócio, sua experiência anterior e a complementariedade que cada um traz ao negócio. Além disso, deixa claro que o negócio precisará de ajuda externa e de contratações para áreas específicas (perguntas A, B, C, D, E e F).

Para completar a equipe de gestão, será contratado um gerente de operações que coordenará uma equipe de três educadores e um assistente, assim como dará apoio às diretorias, principalmente mediante contato direto com empresas terceirizadas.

O sócio Jorge Friman será o diretor administrativo/financeiro. Jorge possui excelentes conhecimentos nas áreas de empreendedorismo e administração de empresas. É sócio-proprietário de uma fabricante de cosméticos naturais estruturada em formato de marca própria, em que a empresa desenvolve, produz e comercializa produtos de fabricação própria em suas lojas. Sua experiência empreendedora auxiliará nas tomadas de decisões estratégicas para o negócio. Essa diretoria contará com assessorias jurídicas e contábeis externas e também se encarregará da precificação dos produtos ofertados.

O diretor comercial e de marketing será Gustavo Quesmar, que possui conhecimentos em inteligência de mercado e análises estatísticas. Suas funções serão embasadas no estudo do comportamento do mercado e na elaboração de ações promocionais para divulgação da marca e captação de novos clientes. Serão também de sua alçada os estudos de satisfação e fidelização de clientes, acompanhamento de projetos de campanhas publicitárias junto a empresas terceiras e o relacionamento com escolas parceiras para a oferta de pacotes extracurriculares a seus alunos.

José Sonadil será responsável pela diretoria educacional. José é um experiente profissional da área de educação, tendo trabalhado por muitos anos em áreas administrativas da Universidade de São Paulo (USP). Seus conhecimentos a respeito das estruturas de ensino adotadas por uma das mais respeitadas universidades do país serão de grande valia para a gestão da equipe de professores e monitores da escola.

Essa diretoria terá forte contato com empresas de desenvolvimento de produtos pedagógicos para processos de elaboração de novos cursos e metodologias de ensino, além de ser responsável por contratação e gerenciamento dos profissionais responsáveis pelos cursos, entre eles: um gerente de operações (formação em Pedagogia), professores de ensino fundamental com especialização em finanças, empreendedorismo e idiomas e os monitores e um assistente. O organograma com a equipe de gestão e a respectiva equipe de educadores e assistente é apresentado a seguir.

> Os CVs dos sócios poderiam ser incluídos nos anexos do PN, e esta informação poderia ser citada aqui.

> A apresentação de um organograma é sempre útil para se ter uma visão esquemática de como será a estrutura de pessoal da empresa. Uma informação que não foi apresentada (e que é relevante) é a quantidade de funcionários e a projeção de crescimento do efetivo da empresa para os próximos anos. Essas informações estão contempladas na planilha do PN (disponível em www.josedornelas.com.br), mas deveriam ser apresentadas aqui também.

5. PRODUTOS E SERVIÇOS

> Nesta seção não há necessidade de falar novamente do conceito do negócio, pois há uma seção do PN para isso.

Criança Feliz é uma empresa de ensino complementar para crianças, tendo como destaque atividades de acampamento *Boot Camp* e aulas complementares em escolas particulares parceiras.

> Aqui fica claro que a empresa oferecerá três tipos de cursos complementares à educação formal (uma demanda dos pais), e o ensino de idiomas tem como pano de fundo empreendedorismo e finanças, algo que poderia ser mais explorado no PN (perguntas A e B).

Por meio de atividades lúdicas com monitores e com base em um sistema pedagógico diferenciado, a empresa aborda temas essenciais para a construção e formação da personalidade e das habilidades empreendedoras das crianças, estimuladas por atividades físicas e criativas. Os cursos oferecidos focam o ensino de empreendedorismo e finanças, bem como o ensino de idiomas (línguas) com enfoque nesses temas.

Conceito pedagógico diferenciado

A empresa baseia-se no conceito de que cada criança é única, com características próprias, e dotada de inteligência desde seu primeiro contato social com a família. Por isso, os produtos oferecidos visam ao aprendizado a partir de conceitos e valores já adquiridos. Estabelecida essa relação, os cursos ministrados têm por finalidade levar cada criança à expansão desse conhecimento por meio de atividades lúdicas, especificamente direcionadas de forma a contribuir para o desenvolvimento das habilidades que a escola deseja ensinar, contextualizando a criança no mundo que a cerca.

> Ao dar destaque ao diferencial pedagógico dos cursos e à formação/preparação dos professores e monitores, a empresa mostra sua preocupação com o conteúdo de suas ofertas. Não ficou claro como o material didático é desenvolvido e o know-how da equipe para sua obtenção (pergunta C).

Professores e monitores

Os professores e monitores são pedagogos e jovens estudantes treinados de acordo com a metodologia adotada pela escola e com capacidade de avaliar cada criança e aplicar atividades voltadas para melhor adaptação e compreensão do grupo. Por isso, cada experiência na *Criança Feliz* será diferenciada e possibilitará aprendizados diversos.

Boot Camp

A empresa subloca acampamentos e hotéis para a realização de seus cursos *Boot Camp*, e, no caso das aulas em escolas parceiras, estas serão ministradas nas instalações dessas instituições. Isso possibilita uma abrangência maior, e uma redução no investimento e na manutenção de infraestrutura.

> A ideia do Boot Camp é o grande diferencial de formato dos cursos e cabe o destaque aqui (pergunta A).

Público-alvo

Os cursos são desenhados para crianças de 7 a 14 anos de famílias das classes sociais A e B, cujos pais buscam atividades complementares para os filhos.

Cursos

Os cursos são formatados nos modelos de acampamento *Boot Camp* e por meio de aulas em escolas parceiras. O conteúdo dos cursos é voltado para três temas: empreendedorismo, finanças e idiomas (línguas inglesa e espanhola, inicialmente). A formatação de cada curso foi feita por faixa etária dos participantes e é composta por módulos unitário (três dias) e completo (sete dias):

- Crianças de sete a nove anos: Curso "Lobos".
- Crianças de 10 a 11 anos: Curso "Guepardos".
- Crianças de 12 a 14 anos: Curso "Leões".

O programa mínimo de cada curso é de três dias (módulo unitário) e o máximo, de sete dias (módulo completo). Os cursos também podem ser replicados em modelos reduzidos nas escolas fora do horário das aulas regulares (três aulas de uma hora em três dias). Para efeito de projeção de resultados, consideraram-se quatro fontes de receita: os cursos Lobos, Guepardos, Leões e "Escolas"; este último refere-se à receita proveniente das parcerias com escolas.

> *A descrição dos tipos de cursos poderia ser mais completa. Por exemplo, não se falou como os cursos são atualizados/revisados (pergunta D).*
>
> *Apesar disso, já se pode ter uma ideia clara das fontes de receita da empresa.*

6. ESTRUTURA E OPERAÇÕES

A empresa terá sede em São Paulo, onde ficará a base administrativa, financeira, de vendas e de gestão. No escritório sede, haverá também a base de planejamento e montagem dos sistemas pedagógicos dos cursos, acampamentos e aulas. O foco da escola *Criança Feliz* será atender São Paulo (capital) e grande São Paulo. A infraestrutura básica pode ser resumida em:

- Escritório administrativo, vendas, financeiro e gestão.
- Depósito para armazenamento de objetos, equipamentos e materiais didáticos.
- Espaço para treinamento e preparo dos professores, monitores e demais terceirizados.
- Van para transporte de pessoal, equipamentos e materiais.

Haverá terceirização de grande parte dos monitores, professores, pedagogos e também da estrutura de segurança, alimentação e

> *A seção de Estrutura e Operações geralmente é uma das mais objetivas do PN, mas neste caso poderia ter sido feita uma descrição dos principais processos de negócio da empresa. Não fica claro, por exemplo, como é desenvolvido o material didático e como é realizada a logística de aplicação dos cursos (perguntas A, C, D, E, G e H não foram completamente abordadas).*

> As alianças estratégicas poderiam ser citadas. Fala-se de terceirização, o que responde a essa demanda indiretamente (pergunta B).

transporte. A estrutura administrativa, de vendas, financeira e de gestão será enxuta, com, no máximo, oito pessoas nos dois primeiros anos. A principal forma de operação será baseada na venda dos cursos e acampamentos planejados e estruturados para escolas particulares e possíveis parceiras da escola de empreendedores.

> Na seção de Equipe de Gestão, foi apresentado o organograma da empresa, mas sem mostrar a evolução do efetivo de pessoal. Caberia apresentar aqui essa informação, e não apenas para os dois primeiros anos. Além disso, não se falou do suporte aos clientes (pergunta F).

7. MARKETING E VENDAS

O planejamento de marketing e vendas tem como objetivo direcionar o crescimento do negócio, dando destaque, junto aos potenciais clientes, ao foco no ensino de empreendedorismo e finanças, e idiomas com pano de fundo nesses temas.

Posicionamento

Criança Feliz oferece cursos e metodologia de ensino de empreendedorismo, finanças e idiomas para crianças entre 7 e 14 anos. Seu diferencial, além de focar em temas que são demanda crescente dos pais e do mercado, é a prática do ensino de uma forma lúdica. Trabalhos em *Boot Camp* e métodos recreativos são ainda diferenciais atrativos para seu crescimento no mercado.

> O posicionamento foca no diferencial lúdico e no conteúdo de empreendedorismo e finanças (pergunta A).

Preço

Os cursos serão divididos em trabalhos em *Boot Camp* e aulas nas instalações de escolas parceiras. Os preços para os próximos cinco anos seguem o padrão de mercado para programas extracurriculares em São Paulo e são apresentados a seguir.

Boot Camp	Ano 1	Ano 2	Ano 3	Ano 4	Ano 5
Preço por criança [R$] Módulo de três dias (unitário)	720,00	770,00	824,00	882,00	944,00
Preço por criança [R$] Módulo de sete dias (completo)	1.045,00	1.118,00	1.196,00	1.280,00	1.370,00

> Os 4Ps do marketing foram abordados com objetividade. A política de preços poderia apresentar a premissa utilizada para o aumento dos valores durante cinco anos. Na planilha, isso está explícito, mas no PN escrito também deveria estar mais claro (pergunta B).

Aulas em escolas particulares	Ano 1	Ano 2	Ano 3	Ano 4	Ano 5
Preço por criança [R$] Módulo Escola (três aulas de uma hora em três dias)	180,00	193,00	206,00	221,00	236,00

Praça

A captação de clientes será feita por meio de divulgações na área de atuação da empresa, na região metropolitana de São Paulo, principalmente junto a escolas particulares, de idiomas e entidades educacionais. O foco são as famílias paulistanas das classes B e A.

Apresenta-se a região-alvo de atuação do negócio e parte-se da premissa de que as parcerias com escolas serão efetivas. Não fica claro, porém, por que escolas já estabelecidas se tornariam parceiras da iniciativa. O que ganhariam com isso? Essas escolas podem ser concorrentes caso não haja uma política de parceria de ganha-ganha com benefícios claros aos parceiros (pergunta C).

Propaganda/comunicação

É comum os empreendedores pensarem em várias maneiras de divulgar seus produtos e serviços quando descrevem a seção de Marketing de um PN. Mas qualquer iniciativa de propaganda e comunicação, bem como de promoções, implica custos/investimentos. Esses desembolsos devem estar previstos nas projeções financeiras do negócio. Aqui, apresentou-se um orçamento global de marketing. Os empreendedores poderiam ter apresentado o investimento que será realizado para cada iniciativa de propaganda/comunicação citada (pergunta D).

Os meios de divulgação e propaganda da *Criança Feliz* serão divididos basicamente em:

- Palestras em escolas particulares: direcionadas aos professores e pais de alunos.
- Divulgação impressa com *folders* e cartazes.
- Divulgação pela internet em nosso próprio *site*, que terá conteúdo interativo e jogos para crianças, além de informações completas sobre os cursos.
- Divulgação em *sites* de escolas parceiras e em *sites* de entidades educacionais.
- Telemarketing ativo.

O orçamento de marketing para os primeiros anos está previamente estipulado e contempla todas as ações aqui apresentadas.

Plano de marketing	Ano 1	Ano 2	Ano 3	Ano 4	Ano 5
Orçamentos das ações de marketing [R$]	163.200,00	238.824,00	255.542,00	273.430,00	292.570,00

Projeção de vendas

Os fatores considerados para as projeções de vendas foram:

- Pesquisa de mercado realizada para levantamento de potencial de mercado e preços dos produtos.
- Valores cobrados dos cursos no *Boot Camp* de R$ 720,00; R$ 770,00; R$ 834,00; R$ 882,00 e R$ 944,00 pelo módulo de três dias nos anos 1 ao 5, respectivamente. E ainda R$ 1.045,00; R$ 1.118,00; R$ 1.196,00; R$ 1.280,00 e R$ 1.370,00 pelo módulo de sete dias nos anos 1 ao 5, respectivamente.
- Valores de R$ 180,00; R$ 193,00; R$ 206,00; R$ 221,00 e R$ 236,00 pelos cursos nas escolas particulares parceiras nos anos 1 ao 5, respectivamente.
- Crescimento com base no retorno das ações de marketing e propaganda.

> *Uma das informações mais importantes de todo o PN é a projeção de vendas. Mas não basta apenas mostrar os resultados que serão obtidos ao longo dos anos. Deve-se descrever cada premissa chave responsável pelo crescimento das vendas. Isso não ficou claro o suficiente aqui, pois se falou apenas do preço de cada curso.*

Tendo como premissa o fato de a proposta de valor ser inovadora e o conceito diferenciado da *Criança Feliz* e contando com boa gestão e administração do negócio, pretendemos chegar a um crescimento de pelo menos 300% em receita do primeiro ao quinto ano da empresa.

> *A subjetividade da equipe (feeling) foi usada aqui para tentar explicar por que a empresa vai mais que triplicar o faturamento em cinco anos. Essa informação pode ser contestada por carecer de embasamento mais preciso, porém é extremamente plausível que a empresa cresça neste patamar em cinco anos. Essa perspectiva vislumbrada pelos empreendedores da Criança Feliz pode, inclusive, ser considerada conservadora demais por outros empreendedores.*

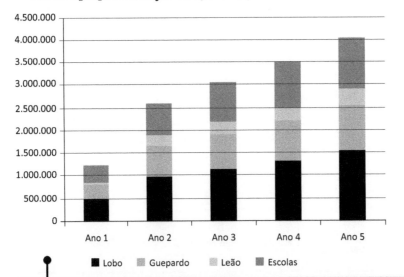

Receita [R$] da *Criança Feliz* para os primeiros cinco anos

> *Uma maneira bastante eficiente de se apresentar a projeção de receita é o uso de gráficos e tabelas destacando os resultados dos principais produtos/serviços (pergunta E). Para ficar ainda mais completa, nesta seção os empreendedores poderiam apresentar ainda uma projeção de participação de mercado da empresa. Isso ficou inviável neste PN, pois a Criança Feliz está desenvolvendo um novo mercado dentro do setor de educação complementar de crianças, o que dificulta o levantamento de informações.*

8. ESTRATÉGIA DE CRESCIMENTO

A escola *Criança Feliz* é pioneira em sua modalidade de negócio e busca, com isso, consolidar sua marca, tornando-se *top of mind* entre as escolas de educação infantil complementar e, consequentemente, blindar o mercado contra possíveis concorrentes entrantes desde o início de suas atividades. Por meio da análise SWOT a seguir, foi possível identificar todos os pontos de diferenciação do negócio em comparação com a concorrência, assim como pontos de melhorias que mereçam atenção especial.

> Os empreendedores ratificam o posicionamento da empresa e seu diferencial.

> A análise SWOT apresenta as principais forças, fraquezas, oportunidades e ameaças da empresa de maneira clara e objetiva. Essas são as bases para a definição da estratégia de crescimento da empresa (perguntas B, C, D e E).

Forças	Fraquezas
• Metodologia de ensino multidisciplinar diferenciada (atividades lúdicas e acampamento) • Flexibilização ágil dos formatos dos cursos para adaptação para diversas modalidades (acampamento, treinamento em sala de aula etc.) • Produto único no mercado	• Marca desconhecida • Negócio em fase inicial, necessitando de desenvolvimento de toda metodologia e materiais sem uma referência a ser seguida • Equipe pouco experiente no negócio a ser explorado • Poucos recursos financeiros próprios e dependência de financiamento externo
Oportunidades	**Ameaças**
• Potencial de crescimento acentuado do público-alvo nos próximos anos • Não há concorrência focada no *core business* da empresa • Pais buscam cada vez mais cursos complementares diferenciados para seus filhos • Parcerias com escolas de idiomas já renomadas	• Outras modalidades de educação infantil complementar podem agregar módulos de empreendedorismo/finanças a seus cursos (escolas de idiomas, acampamentos etc.) • Escolas de ensino fundamental e médio podem incluir curso de empreendedorismo/finanças na grade de disciplinas regulares • Novos concorrentes entrantes com mesmo modelo de negócios

Por meio dessa análise, identificou-se que uma das maiores fraquezas de uma companhia *startup* é a marca desconhecida. Para tanto, a medida adotada logo de início será o investimento massivo em campanhas de marketing, com aumento considerável ano a ano, conforme já apresentado na seção de Marketing e Vendas.

A expansão dos negócios da empresa será influenciada pelas parcerias com escolas de educação fundamental que concentrem o público-alvo identificado na pesquisa de mercado realizada. Essas parcerias auxiliarão não somente que a *Criança Feliz* alcance o consumidor final, como também que essa aproximação dê tranquilidade e segurança aos pais, que já confiam seus filhos a essas escolas.

> *A estratégia de crescimento da empresa foca na consolidação da marca junto aos clientes (pergunta G). Porém, só tem sentido falar de estratégia se houver objetivos e metas a serem alcançados. Isso não foi apresentado pelos empreendedores! (pergunta F não foi abordada).*

Outra estratégia de crescimento adotada pela escola será a fidelização dos clientes já captados, oferecendo excelência em qualidade e domínio sobre os assuntos abordados em seus cursos, para que voltem a comprar. A alta qualidade do serviço resultará no marketing boca a boca, em que os clientes altamente satisfeitos passam a divulgar a marca de forma espontânea a amigos e familiares.

Com a marca consolidada na região definida inicialmente, a estratégia de crescimento do negócio será padronizar todos os seus materiais e treinamentos dados aos profissionais envolvidos para que esse modelo possa ser replicado rapidamente em forma de franquias para todo o Brasil. Essa visão de crescimento, porém, não foi contemplada nos primeiros cinco anos desse plano de negócios, mas deve ser mantida como anseio dos empreendedores para o futuro do negócio, após o ciclo inicial de desenvolvimento da empresa e de sua consolidação no mercado.

> *A visão de crescimento (aonde os empreendedores querem chegar com a empresa) foi apresentada pela primeira vez, destacando o anseio de franquear o negócio após o quinto ano. Esse cenário não foi abordado no PN nas projeções financeiras e de resultados, mas mostra o que os empreendedores pretendem fazer para que a empresa cresça após a fase inicial (responde parcialmente à pergunta A, já que a missão da empresa foi apresentada na seção de Conceito do Negócio).*

9. FINANÇAS

A planilha financeira completa que acompanha esse PN contém todas as premissas utilizadas nas projeções financeiras da *Criança Feliz*. Segue uma síntese dessas informações.

> Ao iniciar a seção de Finanças, é sempre importante apresentar resumidamente as principais premissas utilizadas e que deram base às projeções. Aqui, poderiam ainda ser incluídas premissas relacionadas com os impostos e taxas pagas, que constam na planilha do PN (pergunta C).

Premissas comerciais	Ano 1	Ano 2	Ano 3	Ano 4	Ano 5
Preço Módulo Unitário	720	770	824	882	944
Preço Módulo Completo	1.045	1.118	1.196	1.280	1.370
Preço Módulo Escola	180	193	206	221	236

Premissas de número de usuários	Ano 1	Ano 2	Ano 3	Ano 4	Ano 5
Estudantes (Escola) – Média mensal	240	259	280	302	327
Boot Camp Lobo – Média mensal	90	97	105	113	122
Boot Camp Guepardo – Média mensal	60	65	70	76	82
Boot Camp Leão – Média mensal	20	22	23	25	27

Orçamento com marketing	Ano 1	Ano 2	Ano 3	Ano 4	Ano 5
Orçamento de propaganda/ comunicação	120.000,00	192.600,00	206.082,00	220.507,74	235.943,28
Telemarketing ativo	43.200,00	46.224,00	49.460,00	52.922,00	56.626,00
Orçamento total de mkt ao ano	**163.200,00**	**238.824,00**	**255.542,00**	**273.430,00**	**292.570,00**

Premissas de custo de monitores por mês	Ano 1	Ano 2	Ano 3	Ano 4	Ano 5
Um monitor para cada sete estudantes	24	26	28	31	33
Pagamento (unitário)	800,00	856,00	916,00	980,00	1.049,00
Valor total mensal	**19.429,00**	**22.452,00**	**25.945,00**	**29.982,00**	**34.647,00**

A seguir, são apresentados os investimentos, custos e despesas.

Investimentos em infraestrutura	Ano 1	Ano 2	Ano 3	Ano 4	Ano 5
Computadores, van, móveis etc.	110.000,00	20.000,00	40.000,00	20.000,00	20.000,00
Outros	61.500,00	43.800,00	48.000,00	52.800,00	55.800,00
TOTAL	171.500,00	63.800,00	88.000,00	72.800,00	75.800,00

Custos de desenvolvimento e gestão	Ano 1	Ano 2	Ano 3	Ano 4	Ano 5
Agência *web* (desenvolvimento e manutenção do *site*)	19.000,00	12.840,00	13.738,80	14.700,52	15.729,55
Publicidade e promoções	120.000,00	192.600,00	206.082,00	220.507,74	235.943,28
Telemarketing ativo (terceirizado)	43.200,00	46.224,00	49.459,68	52.921,86	56.626,39
Hospedagem do *site*	6.720,00	7.190,40	7.693,73	8.232,29	8.808,55
Outros serviços de terceiros					
Monitores	194.285,71	299.355,43	345.935,13	399.762,64	473.514,85
TOTAL	383.205,71	558.209,83	622.909,34	696.125,04	790.622,62

(continua)

> Os investimentos em infraestrutura poderiam ser mais detalhados no primeiro ano. Mesmo na planilha, os dados estão consolidados. Não se apresentou, por exemplo, o valor da van que será adquirida para o transporte dos materiais. Deve-se dar especial atenção ao aumento dos valores a cada ano, de acordo com o crescimento da empresa. Não se pode imaginar que custos e despesas serão sempre iguais ao longo do desenvolvimento da empresa (pergunta B).

(continuação)

Despesas operacionais	Ano 1	Ano 2	Ano 3	Ano 4	Ano 5
Telefonia, energia elétrica e demais itens de telecomunicação	4.200,00	4.494,00	4.808,58	5.145,18	5.505,34
Internet	2.400,00	2.568,00	2.747,76	2.940,10	3.145,91
Assessoria jurídica	6.000,00	6.420,00	6.869,40	7.350,26	7.864,78
Seguro	38.400,00	38.624,00	38.624,00	38.624,00	38.624,00
Demais despesas de comunicação (*folder*, cartões, publicações)	30.000,00	32.100,00	34.347,00	36.751,29	39.323,88
Software de escritório	12.000,00	-	-	-	-
Aluguel/condomínio (escritório)	36.000,00	38.520,00	41.216,40	44.101,55	47.188,66
Aluguel galpão	21.600,00	23.112,00	24.729,84	26.400,93	28.313,19
Contador	8.160,00	8.731,20	9.342,38	9.996,35	10.696,10
Correios, jornais, revistas etc.	3.600,00	3.852,00	4.121,64	4.410,15	4.718,87
Material de escritório	3.600,00	3.852,00	4.121,64	4.410,15	4.718,87
Limpeza e manutenção do escritório	2.400,00	2.568,00	2.747,76	2.940,10	3.145,91
Serviço de transporte	40.000,00	51.360,00	54.955,20	58.802,06	62.918,21
Aluguel acampamento	270.000,00	346.668,00	370.947,60	396.913,93	424.697,91
Viagens e treinamentos	12.000,00	12.840,00	14.014,30	16.350,26	20.430,00
Outros	6.000,00	6.420,00	6.507,15	6.675,13	6.210,00
TOTAL	**496.360,00**	**582.141,20**	**620.100,65**	**661.871,46**	**707.501,61**

Os gastos com funcionários foram determinados utilizando-se a premissa de que os encargos representam, aproximadamente, 100% do valor dos salários.

Gastos totais com salários/benefícios	Ano 1	Ano 2	Ano 3	Ano 4	Ano 5
Diretoria					
Administrativa	100.800,00	107.856,00	115.406,00	123.484,00	132.128,00
Comercial e Marketing	100.800,00	107.856,00	115.406,00	123.484,00	132.128,00
Educacional	100.800,00	107.856,00	115.406,00	123.484,00	132.128,00
Gerente	–	–	–	–	–
Operações	129.600,00	138.672,00	148.378,00	158.766,00	169.879,00
Operacional	–	–	–	–	–
Educadores	144.000,00	154.080,00	164.866,00	176.406,00	188.755,00
Assistente	36.000,00	38.520,00	41.216,00	44.102,00	47.189,00
Gastos totais com funcionários	**612.000,00**	**654.840,00**	**700.678,80**	**749.726,32**	**802.207,16**

Quantidade de funcionários	Ano 1	Ano 2	Ano 3	Ano 4	Ano 5
Diretoria					
Administrativa (pró-labore)	1	1	1	1	1
Comercial e Marketing (pró-labore)	1	1	1	1	1
Educacional (pró-labore)	1	1	1	1	1
Gerente					
Operações	1	1	2	2	2
Operacional					
Educadores	3	3	4	4	4
Assistente	1	1	2	2	2
Total de funcionários	**8**	**8**	**11**	**11**	**11**

> *A tabela com a quantidade de funcionários da empresa poderia ter sido apresentada na seção de Equipe de Gestão ou Estrutura e Operações, mas não há problemas de se mostrá-la aqui. O fato de considerar que os gastos com encargos dos funcionários correspondem a 100% do salário está adequado a uma estimativa no PN, mas, para ter maior precisão, os empreendedores deveriam consultar um contador.*

Com isso, pode-se consolidar os resultados anuais para um período de cinco anos do negócio.

Resultados anuais	Ano 1	Ano 2	Ano 3	Ano 4	Ano 5
Lobo	R$ 496.800,00	R$ 998.438,40	R$ 1.153.795,42	R$ 1.333.325,98	R$ 1.540.791,50
Guepardo	R$ 331.200,00	R$ 665.625,60	R$ 769.196,94	R$ 888.883,99	R$ 1.027.194,34
Leão	R$ 144.000,00	R$ 221.875,20	R$ 256.398,98	R$ 296.294,66	R$ 342.398,11
Escola	R$ 374.400,00	R$ 732.188,16	R$ 846.116,64	R$ 977.772,39	R$ 1.129.913,77
Receita total bruta	**R$ 1.346.400,00**	**R$ 2.618.127,36**	**R$ 3.025.507,98**	**R$ 3.496.277,02**	**R$ 4.040.297,72**
Impostos sobre a receita bruta	R$ 116.463,60	R$ 226.468,02	R$ 261.706,44	R$ 302.427,96	R$ 349.485,75
Receita líquida	**R$ 1.229.936,40**	**R$ 2.391.659,34**	**R$ 2.763.801,54**	**R$ 3.193.849,06**	**R$ 3.690.811,97**
Custos	R$ 395.205,71	R$ 571.049,83	R$ 636.648,14	R$ 710.825,56	R$ 806.352,17
Investimentos na infraestrutura	R$ 171.500,00	R$ 63.800,00	R$ 88.000,00	R$ 72.800,00	R$ 75.800,00
Despesas	R$ 496.360,00	R$ 582.141,20	R$ 620.100,65	R$ 661.871,46	R$ 707.501,61
Funcionários	R$ 612.000,00	R$ 654.840,00	R$ 700.678,80	R$ 749.726,32	R$ 802.207,16
Lucro bruto	**R$ (445.129,31)**	**R$ 519.828,31**	**R$ 718.373,94**	**R$ 998.625,73**	**R$ 1.298.951,03**
IR	R$ (31.735,54)	R$ 156.635,09)	R$ (205.319,84)	R$ (263.951,77)	R$ (333.770,72)
CSLL	R$ (11.424,80)	R$ (56.388,63)	R$ (73.915,14)	R$ (95.022,64)	R$ (120.157,46)
Lucro anual	**R$ (488.289,65)**	**R$ 306.804,59**	**R$ 439.138,96**	**R$ 639.651,32**	**R$ 845.022,85**

Ao analisar a planilha do PN, o leitor perceberá que as projeções de receita consideraram as vendas apenas de módulos unitários. Como foram definidos também módulos completos dos cursos na seção de Produtos e Serviços, estes deveriam ter sido considerados nas projeções. Trata-se de um equívoco que pode comprometer a qualidade do PN. As seções do PN devem estar relacionadas e coesas; e a seção de Finanças sintetiza em números tudo o que foi escrito ao longo do plano!

Os resultados anuais consolidados mostram que os empreendedores preferiram a simplicidade nas projeções, pois consideraram que todos os pagamentos dos clientes seriam feitos à vista, assim como os desembolsos da empresa. Na realidade, dificilmente isso ocorrerá. Não há necessidade de se apresentar um balanço, mas cabe a apresentação da DRE e do Fluxo de Caixa da empresa para uma previsão mais precisa dos resultados futuros (pergunta D).

A partir desses dados, pode-se gerar o gráfico de fluxo de caixa acumulado e exposição do caixa.

Esse gráfico ilustra um investimento inicial de R$ 161.690,00. A máxima necessidade de investimento é de R$ 572.071,49 (exposição do caixa no mês 6), e o primeiro fluxo de caixa positivo ocorre no mês 7. O retorno do investimento ocorre no mês 30. Considerando-se uma taxa de desconto de 13%, obtém-se o VPL de R$ 963.458,27. A TIR após cinco anos é de 81%. Havendo a possibilidade de abertura para investidores, o aporte ao longo dos primeiros seis meses da *Criança Feliz* será de R$ 572.071,49, o que corresponde a 37% de participação no negócio.

Os valores de *pre-money* e *post-money valuation* são de R$ 963.458,27 e R$ 1.535.529,76, respectivamente.

> As projeções financeiras detalhadas obtidas na planilha do PN permitem a determinação do investimento inicial do negócio (pergunta A), e o destino dos recursos pode ser entendido ao se analisarem os principais dispêndios da empresa. Aqui, apresentam-se ainda, de maneira objetiva, o valor do negócio e a estratégia para receber aporte de recursos (perguntas E e F).

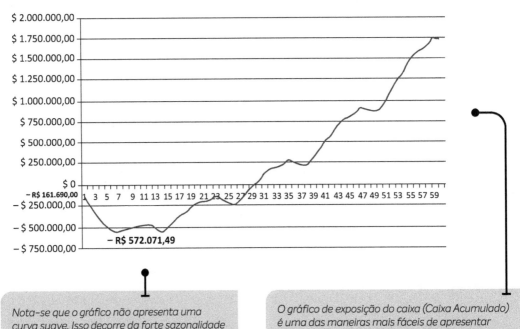

> Nota-se que o gráfico não apresenta uma curva suave. Isso decorre da forte sazonalidade do negócio. Esse fato deveria ser mais bem explorado no PN. Na planilha do PN, há informações a respeito, mas são muito objetivas.

> O gráfico de exposição do caixa (Caixa Acumulado) é uma das maneiras mais fáceis de apresentar informações importantes da seção financeira do PN. Dados como investimento inicial, máxima necessidade de recursos, breakeven e payback são facilmente identificados visualmente e ratificados na planilha financeira (pergunta E). Nota-se que não se falou de cenários alternativos neste plano de negócios (a pergunta G não foi abordada).

CAPÍTULO 3

PLANO DE NEGÓCIOS DE UMA LOJA DE PRODUTOS ARTESANAIS*

---

* Este plano de negócios foi desenvolvido tendo como base o PN original criado pelos alunos do MBA do PECE/USP: Edison Roberto Saquetti, Everton Amaral de Lima, Flavia Oliveira Arante, Juliana Caroprese Vianna, Rogério Alexandre Goes, sob a orientação do Prof. Dr. José Dornelas.

Acesse a seção de *downloads* no site www.josedornelas.com.br para obter a planilha financeira completa e os anexos deste plano de negócios.

CASA DE ARTESANATO

Artesanato, decoração e sustentabilidade

1. SUMÁRIO EXECUTIVO

Conceito do negócio e a oportunidade

> *A primeira informação relevante no SE deve ser a definição do que é o negócio e qual é a oportunidade que permite um bom potencial de crescimento. Aqui, o conceito é exposto em poucas linhas, mas a visão de crescimento poderia ser mais bem elaborada (perguntas A e B).*

A *Casa de Artesanato* é uma empresa de venda de objetos artesanais decorativos sustentáveis por meio de uma loja em *shopping* especializado e cinco quiosques instalados nos principais *shoppings* de São Paulo. A oportunidade do negócio está em facilitar o acesso dos clientes ao produto artesanal, além de oferecer um conceito sustentável. O mercado atualmente é atendido por setores de grandes lojas de decoração e por cidades-polos e feiras, o que deixa em aberto a oportunidade de trazer os produtos ao cliente de forma mais acessível.

Mercado e competidores

O mercado de decoração tem crescido de maneira consistente nos últimos anos, impulsionado pelo crescimento do mercado imobiliário. Existe espaço para empresas que possam trazer um conceito diferenciado ao cliente, como a sustentabilidade e a facilidade para a aquisição do produto com economia de tempo. Os principais competidores atuais atuam de maneira genérica, sem focar em diversidade de produtos e inovação no setor de artesanato com sustentabilidade.

> *Deveria apresentar números ao falar do mercado (pergunta C).*

Equipe de gestão

> *A equipe de gestão é essencial para fazer o negócio sair do papel. Aqui, fala-se de maneira objetiva do perfil dos envolvidos e espera-se que, na seção que trata do tema, o conteúdo seja explorado em mais detalhes, inclusive citando quem são os envolvidos (pergunta A).*

A *Casa de Artesanato* terá dois sócios com 29,5% de participação. São profissionais experientes em gestão comercial e financeira. Além dos sócios, a empresa contará com a presença de um conselheiro, com experiência nesse segmento de mercado, contribuindo para o planejamento estratégico da empresa. Serão contratados também profissionais destinados a alavancar as vendas nos pontos de venda.

Produtos/serviços e vantagens competitivas

Os produtos que serão oferecidos pela *Casa de Artesanato* terão a sustentabilidade como principal diferencial, mas a empresa também terá o objetivo de atender às classes A e B, e, dessa forma, serão produtos artesanais de alta qualidade e requinte, de modo a atingir o mercado de decoração com produtos diferenciados e exclusivos.

> As vantagens competitivas da empresa não estão claras, pois nada impede os concorrentes diretos de também terem a sustentabilidade como diferencial. A exclusividade de produtos pode ser um caminho, mas para isso será necessário estabelecer parcerias com fornecedores. Isso poderia ser abordado aqui, mesmo que objetivamente (pergunta E).

Estrutura e operações

O negócio iniciará suas operações em São Paulo, com uma loja principal estabelecida no Shopping D&D, localizado na zona sul da cidade e especializado no setor de móveis e decorações. Além da loja, serão abertos dois quiosques nos Shoppings Lar Center e Anália Franco. Haverá, no segundo, terceiro e quarto anos, a abertura de um quiosque nos *shoppings* Eldorado, Bourbon e Morumbi, respectivamente, atendendo ao público-alvo em todas as regiões da cidade.

> Esta seção sempre é desenvolvida de maneira objetiva no PN e, aqui no SE, não poderia ser diferente.

Marketing e vendas

A estratégia de marketing baseia-se na divulgação da marca, focando os diferenciais de seus produtos, e na filosofia de levar o artesanato para mais perto das pessoas. Serão utilizados jornais especializados e internet/redes sociais para essa divulgação. Além disso, a escolha de se abrirem a loja e os quiosques em *shoppings* também foi tomada com base nesse objetivo, uma vez que são locais de grande circulação do público que pretendemos atingir.

> A estratégia de marketing e vendas foca em criar uma marca que atraia as pessoas para os pontos de venda (pergunta B). Poderia ter sido apresentada uma projeção de vendas dos primeiros cinco anos em uma pequena tabela!

> Estas seções apresentam a essência dos números que envolvem o negócio (investimento, retorno, valor do negócio, contrapartida aos investidores interessados). Só não se falou como o dinheiro será usado: percentuais de gastos com marketing, vendas, operações... (pergunta D).

Finanças

O investimento necessário para operacionalizar a *Casa de Artesanato* é de R$ 1.279.048,65, e o primeiro fluxo de caixa positivo ocorrerá no mês 13. O negócio terá equilíbrio financeiro no 33º mês. O VPL é de R$ 1.860.153,66 para uma taxa de desconto de 15% e a TIR após cinco anos é de 69%.

Condições para aporte de recursos

Aos investidores interessados, os sócios da *Casa de Artesanato* oferecem 41% de participação no negócio, pelo aporte de R$ 1.279.048,65 ao longo os primeiros 13 meses do negócio. Os valores de *pre-money* e *post-money valuation* são de R$ 1.860.153,66 e R$ 3.139.202,31, respectivamente.

2. CONCEITO DO NEGÓCIO

> *O primeiro parágrafo desta seção deve sempre descrever o conceito do negócio, como é a empresa e como é seu modelo de negócio (como fará dinheiro).*

A *Casa de Artesanato* é uma revenda de produtos de decoração artesanais com linhas específicas sustentáveis, que mostra preocupação com as questões de preservação ambiental, inserção social e sustentabilidade.

A sustentabilidade tornou-se preocupação global e um diferencial competitivo para empresas que empregam seus conceitos na linha de produção. Segundo estudos do Sebrae, o mercado interno brasileiro está disposto a pagar por um produto com grande agregação de valor, como é o caso dos produtos artesanais. Dados do IBGE mostram que o setor movimenta R$ 50 bilhões anuais, empregando mais de 10 milhões de pessoas.

> *Aqui, apresenta-se o mote do negócio; a oportunidade é apresentada de maneira sucinta (já que deverá ser mais detalhada na seção de Mercado e Competidores).*

> *A visão de crescimento do negócio fica explícita, sem necessidade de uma frase de efeito.*

A *Casa de Artesanato* pretende ser uma referência em produtos artesanais de decoração, com alta qualidade e *design*, atendendo ao público das classes A e B, mas sem excluir a característica de origem dos produtos.

A empresa terá uma loja em *shopping* de decoração e construção e cinco quiosques em outros *shoppings* comerciais da Grande São Paulo. A expansão do negócio após cinco anos será por meio da abertura de franquias, e a comercialização por meio de comércio eletrônico, para abrangência de vendas em locais onde não exista loja física. Porém, essa fase do negócio não foi contemplada neste plano de negócios.

> *É comum o empreendedor querer que sua empresa faça de tudo e seja completa, mas aqui fica claro que, mesmo tendo o anseio de franquear o negócio no futuro, essa etapa não foi contemplada no PN.*

O objetivo é difundir o artesanato para um número maior de pessoas, em locais de fácil acesso e grande movimento, de modo que o artesanato vá até o público e não haja necessidade de o público ir até onde se encontra o artesanato.

> *Deixar clara a localização da empresa é um aspecto importante desta seção. Aqui, a composição societária deve ser descrita de maneira objetiva.*

A empresa estará localizada em São Paulo-SP, no mesmo endereço de sua loja física, e possui dois sócios com 29,5% de participação no negócio cada um: Norton Mali e Soni Tiequa.

3. MERCADO E COMPETIDORES

Análise do setor

Mercado de decoração no Brasil

> *Mostra o tamanho do setor, mas os dados são do Brasil e não do mercado foco para o negócio, que é São Paulo. Destaca-se aqui uma frase de formador de opinião nesse mercado. Isso fortalece a análise (pergunta D parcialmente respondida).*

Dados do IEMI – Inteligência de Mercado mostram que o setor de artesanato movimentou R$ 87,7 bilhões no Brasil em 2021. Em reportagem da revista Veja de alguns anos atrás, há um depoimento de um decorador que é referência no setor, constatando as perspectivas do mercado: "Hoje não é mais preciso ir a Nova York ou a Paris para procurar objetos. Em três dias, dá para montar uma bela casa sem sair de São Paulo".

Ações de fomento ao setor de artesanato brasileiro

O Governo Federal criou há algumas décadas o Programa do Artesanato Brasileiro (PAB), que tem o seguinte objetivo: "Coordenar e desenvolver atividades que visem a valorizar o artesão brasileiro, elevando o seu nível cultural, profissional, social e econômico, além de desenvolver e promover o artesanato e a empresa artesanal. As ações do Programa possibilitam a consolidação do artesanato brasileiro enquanto setor econômico de forte impacto no desenvolvimento das comunidades, a partir da consideração de que a atividade é disseminada em todo território nacional, possuindo variações e características peculiares conforme o ambiente e a cultura regional".

> *A análise setorial deve apresentar o que é relevante na área e aqui destacou-se a preocupação do Governo com políticas públicas para o setor (perguntas B e C). A estrutura básica do mercado não foi apresentada (cadeia de valor – pergunta E).*

Franquia de decorações

> *Apesar de a empresa não focar o modelo de franquia neste momento, poderia ter apresentado mais dados estatísticos da área, para enfatizar as tendências de crescimento do setor (pergunta A).*

Movimentando pelo menos 35 setores da economia, o mercado de decoração está em constante expansão. Segundo a Associação Brasileira de Franchising (ABF), o setor de decoração e utilidades para o lar é um dos que mais têm crescido em faturamento. As opções de negócios vão de antiquário à loja de objetos de decoração artesanal, passando por fábricas de móveis e mosaicos.

Mercado de shopping centers

A indústria de *shopping centers* representa um pujante setor no Brasil. Mesmo durante a pandemia, o faturamento consolidado dos *shopping centers* foi de R$ 160 bilhões em 2021, segundo a Associação Brasileira de Shopping Centers (Abrasce). As projeções indicam que em pouco tempo o setor passará o volume de faturamento pré-pandemia, que chegou próximo dos R$ 200 bilhões em 2019. No caso do setor de decoração, os *shoppings* continuam sendo um ponto de venda de excelente escolha para os empreendedores.

> Aqui são apresentados dados específicos do crescimento dos pontos de venda onde o negócio estará inserido: shoppings (pergunta C).

Existem várias oportunidades para o mercado de decoração, seja para o comércio de peças individuais de artesanato, seja para peças de maior porte, como móveis e decorações em geral, levando-se em conta os novos desejos dos consumidores, que antes somente pensavam em mobiliar com foco no uso, e agora tendem a se preocupar mais com os objetos de decoração e móveis diferenciados.

> De fato, existem muitas oportunidades neste mercado, mas também poderiam ser apresentados os riscos (pergunta F).

Somados a isso, o diferencial de sustentabilidade proposto pela *Casa de Artesanato* irá proporcionar boas oportunidades para alavancar os negócios, e entendemos que o público não está acostumado a encontrar esses objetos com facilidade, por exemplo, nos *shoppings centers*. Isso torna a iniciativa da empresa uma oferta inovadora, por atingir um grande público para um mercado emergente em local de fácil acesso.

Mercado-alvo

Com base em uma pesquisa primária realizada com 102 pessoas, identificou-se que a maioria (64%) nunca consulta um profissional especializado quando o assunto é decoração, embora 40% dos pesquisados adquiram objetos de decoração mais de três vezes ao ano. O *ticket* médio para cada compra é acima de R$ 100,00 para 36% dos pesquisados.

> Não ficou clara a localização dos respondentes da pesquisa, mas como o negócio estará em shoppings, esse dado não é tão crítico neste caso (pergunta L).

A pesquisa mostra ainda uma tendência do consumidor em adquirir produtos artesanais em polos e cidades especializadas nesse setor, mas observa-se que essa tendência deve-se ao fato de não haver oferta desse tipo de produto nas grandes cidades, como São Paulo. Por isso, a ideia desse negócio é fazer com que o artesanato vá até o consumidor, e não que o consumidor tenha de ir até onde está o artesanato, o que nem sempre é viável e toma tempo.

> *Uma das maneiras mais efetivas de se mapear o mercado-alvo é a realização de uma pesquisa de mercado primária. Com isso, foi possível identificar o perfil do consumidor, o que ele compra, o que influencia a compra, por que ele compra e quando compra. São dados essenciais para se formatar a oferta dos produtos e serviços da empresa e a definição de sua estratégia de marketing (perguntas G, H, I, J, K).*

Existe hoje preocupação com o tema da sustentabilidade, com as empresas investindo em modelos sustentáveis, em busca de certificações, e os consumidores gradativamente buscando produtos "verdes". Entretanto, na pesquisa realizada, 51% dos pesquisados usam o preço como fator determinante. Por outro lado, em virtude dessa mudança de pensamento em busca de produtos e meios sustentáveis, 61% das pessoas pagariam até 20% a mais por um produto de decoração artesanal sustentável, o que nos confirma a oportunidade de que vale a pena investir nesse segmento, desde que sejam tomadas medidas para que o preço dos produtos não se torne demasiadamente elevado. Das pessoas que responderam à pesquisa, 61% são do sexo feminino e 30% com renda entre R$ 5.000,00 e R$ 10.000,00. E ainda, 17% dos entrevistados tinham renda acima de R$ 10.000,00.

De acordo com pesquisas complementares realizadas na internet, os objetos mais vendidos em lojas de decoração são:

1. Mesas de centro, abajur, pequenos enfeites para estantes, porta-retratos, estantes.
2. Enfeites para mesas de centro: cerâmicas, arranjos, vasos.
3. Arranjos de parede: florais, quadros (artesanais), luminárias, relógios.
4. Jardineiras, enfeites de jardim, piso decorativo para jardim, treliças para jardim e interiores (com ou sem espelhos).

Análise da concorrência

Ao analisar o mercado de venda de objetos artesanais de decoração sustentáveis, encontramos algumas empresas que se propõem a oferecer produtos semelhantes, porém observamos ainda vários pontos que podem ser melhorados com relação a produtos, abrangência, localização ou tipo de venda realizada, especialmente quando o foco é o público das classes A e B. Verifica-se que ainda há dificuldade para encontrar esses produtos, pois as cidades polos e as feiras não abrangem um público grande e há a necessidade de locomoção até esses locais. Além disso, as vendas pela internet nem sempre são satisfatórias com relação às informações sobre os produtos. Existem algumas lojas de fácil localização, porém, geralmente, são grandes lojas não especializadas, o que faz com que o cliente percorra a loja inteira até chegar aos objetos desejados e depois ainda é preciso encaminhar-se aos caixas de pagamento, que não atendem apenas a essa especialidade.

> *Não há a necessidade de se detalhar a descrição como foi feito aqui. Porém, cabe destacar que ficou clara a identificação dos concorrentes e seus perfis. Há vários tipos de concorrentes para esse negócio, e o mais adequado para se analisarem os grupos de concorrentes é a elaboração de uma tabela comparativa com os principais atributos relevantes que permitam conhecer essas empresas (perguntas M e N).*

A *Casa de Artesanato* tem a proposta de trazer de forma fácil, rápida e objetiva o acesso, ao grande público, a produtos artesanais de decoração sustentáveis, com a exposição por meio de uma loja especializada e de quiosques nos mais movimentados *shoppings* de São Paulo. O cliente passará a ter facilidade para encontrar esse tipo de produto em um local com alta frequência de pessoas para a compra de outros produtos ou alimentação, o que torna o acesso aos nossos produtos uma atitude natural. Além da facilidade para a compra dos produtos, o cliente não precisará despender de grande tempo para a aquisição, uma vez que o foco principal é a venda dos produtos artesanais de decoração sustentáveis.

Os principais concorrentes da *Casa de Artesanato* são as feiras direcionadas a esses produtos, a cidade de Embu das Artes e grandes lojas, como Tok&Stok, Camicado etc. Porém, identificamos em todos esses concorrentes a dificuldade de acesso aos itens que serão propostos pela *Casa de Artesanato*, que tornará a compra muito mais rápida, o que é determinante nos dias atuais, em função da escassez de tempo da população em geral, que muitas vezes prefere comprar produtos pela internet, por ser um processo muito mais rápido que ir até a loja física. Vale a pena ressaltar que a localização dos quiosques da *Casa de Artesanato* permitirá que o cliente efetue as mais variadas compras e ainda se alimente, pois queremos aproveitar a visita da população aos *shoppings* para oferecer mais um produto, em uma área ainda pouco explorada.

A tabela a seguir mostra a análise comparativa realizada entre a *Casa de Artesanato* e seus concorrentes, o que nos faz chegar às conclusões anteriormente descritas.

Tópicos	Casa de Artesanato	Lojas de departamento (Tok&Stok, Camicado, Casa e Construção)	Lojas pequenas de decoração sustentável	Feira regional de artesanato (Feira de Embu das Artes)
Venda de produtos on-line	Não possui	Possuem *site* interessante e com várias informações dos produtos	Possuem *site* simples com imagens dos produtos	Não possui
Quantidade de produtos à venda	Grande: contato com vários fornecedores para novos itens e renovação de estoque	Grande: vários itens de muitos tipos, desde móveis até decoração	Baixa: poucos produtos, apenas para determinadas aplicações	Grande: focado em produtos artesanais e obras de arte de artistas regionais
Rede de lojas (localização)	Uma loja em *shopping* especializado em construção e cinco quiosques em *shopping centers*	Grande: rede de nível estadual e/ou nacional	Pequena: variam de apenas loja virtual a até duas lojas na Grande SP	Apenas na cidade de Embu
Linha de produtos artesanais	Grande: trabalha apenas com produtos artesanais	Baixa: possui apenas alguns itens na linha de produtos artesanais	Média: possui produtos artesanais e industrializados	Grande: focado em produtos artesanais
Participação de mercado	Não disponível (negócio em fase inicial)	Alta: várias lojas espalhadas pelo Brasil, nos principais *shoppings*	Baixa: pouca divulgação, apenas para clientes adeptos	Baixa: abrangência regional para público específico com interesse em artesanato e artes

(continua)

As lojas de departamento são os concorrentes que podem tomar decisões que inviabilizem o negócio da Casa de Artesanato no longo prazo, mas no curto prazo isso parece improvável (perguntas P e Q). A equipe de gestão desses negócios com certeza tem um nível de profissionalização diferenciado nesse mercado (pergunta R), o que já não ocorre para os demais grupos de concorrentes.

Notam-se na tabela categorias ou grupos distintos de concorrentes, que vão de grandes empresas do setor a pequenas lojas e feiras. Com isso, pode-se avaliar objetivamente, por meio dos atributos listados na tabela, de que maneira são organizados

(continuação)

Tópicos	Casa de Artesanato	Lojas de departamento (Tok&Stok, Camicado, Casa e Construção)	Lojas pequenas de decoração sustentável	Feira regional de artesanato (Feira de Embu das Artes)
Inovações	Muitos contatos com cooperativa de artesãos e constante renovação dos produtos	Média: novidades nem sempre são relacionadas aos produtos artesanais	Baixa: não possui grande estoque e há baixa rotatividade de produtos	Grande: a feira conta com grande quantidade de expositores e artistas
Quantidade de produtos sustentáveis	Grande: loja possuirá parte dos produtos direcionados ao público adepto à sustentabilidade	Nenhum/poucos	Grande: apesar da pequena quantidade de produtos, muitos desses são sustentáveis	Grande: devido à grande variedade de produtos em exposição, possui quantidade significativa
Apresentação	Excelente: os quiosques expõem melhor o produto em *shoppings* de grande movimentação de SP	Boa: lojas se encontram em *shoppings*, porém a exposição dos produtos é limitada	Baixa: é necessário que os clientes já conheçam a loja e estejam dispostos a comprar artesanato	Baixa: é necessário que os clientes já conheçam a feira e estejam dispostos a comprar artesanato

> *O setor é bastante pulverizado e não se pode afirmar quem domina o mercado. Os grandes concorrentes vendem linhas específicas. Os pequenos oferecem maior variedade de produtos, mas em quantidade limitada (pergunta S). De fato, o mercado mostra-se aberto, e uma empresa que proponha facilitar a experiência de compra para o cliente final pode se destacar. Isso não impede, no entanto, que outras empresas façam o mesmo (pergunta T). Não ficou claro na Análise da Concorrência como a Casa de Artesanato pode evitar esse movimento. Uma alternativa seriam parcerias duradouras com os fornecedores, e não apenas contato com vários deles!*

4. EQUIPE DE GESTÃO

A equipe de gestão da empresa *Casa de Artesanato* terá duas diretorias. A Diretoria Comercial/Marketing estará sob a responsabilidade do presidente da empresa, Norton Mali, que possui ampla experiência comercial e no gerenciamento de pessoas. Além da Diretoria Comercial, também será criada a Diretoria Administrativo-Financeira, que agregará todas as funções operacionais da empresa e será exercida por Soni Tiequa.

Além das duas diretorias estabelecidas, também será criado um conselho consultivo, do qual participarão todos os sócios-acionistas mencionados no contrato social da empresa, e também será convocado um consultor externo para participação nos dois primeiros anos da empresa. Esse consultor externo não terá poder de veto e será escolhido na primeira reunião do conselho pelos sócios-acionistas da empresa. As reuniões de conselho serão realizadas mensalmente, e o conselheiro externo será remunerado por reunião realizada, recebendo inicialmente a quantia de R$ 5.000,00 por dia de reunião.

> Os principais executivos do negócio serão os dois principais sócios, o que é comum na maioria das empresas iniciantes. A descrição da experiência de cada um é feita de maneira objetiva, mas seus currículos poderiam ser colocados em anexo no PN, e essa informação ser citada aqui. Pela descrição feita, parece haver complementaridade entre os dois sócios (perguntas A, B, C, D).

> A criação de um conselho e o fato de se ter um membro externo à empresa em sua composição é um diferencial. Mas por que apenas por dois anos? O conselheiro externo poderia ser mantido por mais tempo!

Diretor Comercial/Marketing: Norton Mali

Graduado em Gestão Empreendedora, com 10 anos de experiência como gerente comercial em grandes empresas da área de importação e venda de materiais médicos. Visão estratégica, capacidade de gerenciamento de pessoas, fluente em inglês e francês. Fundador de empresa de roupas masculinas, no mercado brasileiro há dois anos.

Diretor Administrativo/Financeiro: Soni Tiequa

Graduado em Economia, com mais de 30 anos de experiência no setor bancário, especializado em produtos e serviços financeiros. Excelente relacionamento com clientes, fornecedores e investidores do mercado financeiro.

A empresa deverá terceirizar o desenvolvimento de *sites*, criação de material publicitário, estoque, todo o setor de logística, bem como os recursos necessários, e os setores jurídico e contábil. Além dos diretores, haverá um gerente de vendas e serão criados dois cargos de supervisão: supervisor de loja e supervisor de logística (*supply chain*), que serão subordinados à diretoria comercial.

> Uma maneira de deixar a empresa mais enxuta é a terceirização de áreas de suporte. Aqui, os empreendedores optaram por essa estratégia (pergunta F). Os custos envolvidos nos serviços de terceiros devem ser incluídos nas projeções financeiras, o que muitos empreendedores se esquecem de fazer em seus PNs.

> Ao se definir que os sócios receberão apenas um salário mínimo de pró-labore durante dois anos, entende-se que estão comprometidos com o negócio e que possuem outras fontes de renda para sua manutenção e das respectivas famílias. Os investidores gostam dessa abordagem, desde que isso não comprometa a dedicação dos sócios ao negócio.

Todos os sócios da empresa deverão receber pró-labore de um salário mínimo vigente, no período de 24 meses, a partir da criação da empresa. Após esse período, a retirada de pró-labore será de R$ 6.000,00 e definida pelo conselho. Os demais funcionários deverão receber salários condizentes com o mercado, bem como auxílio-refeição, transporte e plano de saúde.

A seguir, apresenta-se o organograma da estrutura de gestão da empresa *Casa de Artesanato*, demonstrando o foco na área comercial/vendas.

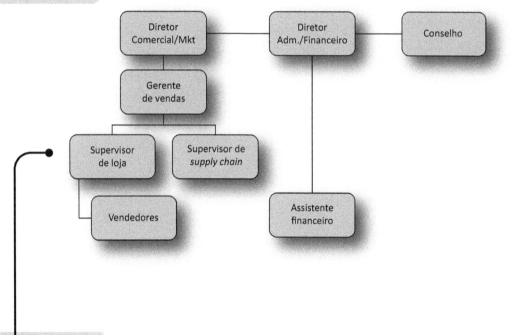

> A apresentação de um organograma deixa clara a estrutura de pessoal do negócio (pergunta E).

Prevê-se, inicialmente, a contratação de dois funcionários para cada um dos quiosques, que trabalharão em turnos opostos, com período comum em horários de maior fluxo de visitantes nos *shoppings*, obtendo, assim, melhor qualidade de atendimento ao cliente. Na loja, serão três funcionários (um supervisor de loja e dois vendedores), com previsão de crescimento no ano 4.

A seguir, é apresentado um gráfico comparativo da evolução do número de funcionários necessários para a empresa. O crescimento é progressivo, de acordo com o planejamento de aumento do número de quiosques. No gráfico, são apresentados apenas os colaboradores contratados em regime CLT. Os recursos terceirizados poderão ser dimensionados para atender à demanda da empresa.

> *A quantidade de funcionários nos dois primeiros anos parece coerente com a proposta de terceirização de outros processos da empresa. Porém, com o crescimento do negócio talvez a empresa devesse considerar a contratação de mais pessoas, já que chegar ao quinto ano com apenas 19 pessoas parece bastante otimismo (pergunta F).*

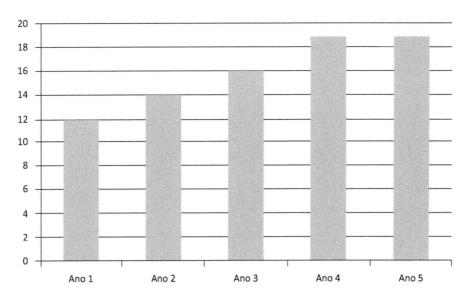

Evolução do número de funcionários da *Casa de Artesanato*

5. PRODUTOS E SERVIÇOS

Temos como base produtos e artefatos decorativos artesanais. A partir do conceito proposto pelo Conselho Mundial do Artesanato, define-se como artesanato toda atividade produtiva que resulte em objetos e artefatos acabados, feitos manualmente ou com a utilização de meios tradicionais ou rudimentares, com habilidade, destreza, qualidade e criatividade. São encontrados em nosso portfólio diferentes tipos de artesanatos:

- Artesanato tradicional: representativo das tradições de determinado grupo.
- Artesanato de referência cultural: produtos cuja característica é a incorporação de elementos culturais tradicionais da região em que são produzidos.

- Artesanato conceitual: objetos produzidos a partir de um projeto deliberado de afirmação de um estilo de vida ou afinidade cultural. A inovação é o elemento principal que distingue esse artesanato das demais categorias.

> *Os produtos são descritos como artesanato sustentável. O benefício que proporcionam é atender a uma demanda crescente dos consumidores em busca de soluções ecologicamente corretas, inovadoras e sustentáveis nos vários ambientes residenciais. Isso poderia ter ficado mais claro (pergunta A).*

Na base de todos os nossos produtos, há sempre uma proposta, uma afirmação sobre estilos de vida e de valores, sobretudo aqueles ligados ao movimento ecológico, naturalista e sustentável. Os produtos são destinados a todos ambientes domésticos (salas, quartos, cozinhas, áreas externas e banheiros):

Conjuntos em tear manual
- Almofadas.
- Tapetes.
- Jogos americanos.
- Artefatos decorativos.

Cerâmica, cabaça e madeira
- Esculturas.
- Quadros.
- Molduras.
- Cadeiras.
- Mesas e mesas de centro.
- Bancos.
- Mesas de cabeceira.
- Luminárias.
- Vasos.
- Artefatos decorativos.

Metais e outros materiais
- Cabideiros.
- Paneleiros.
- Castiçais.
- Lustres.
- Luminárias.
- Molduras.
- Artefatos decorativos.

> *Esta seção poderia ter tratado um pouco mais sobre como os produtos são desenvolvidos, quem os faz e qual o apelo que procuram atender. Houve apenas a descrição dos vários itens do portfólio, o que não é suficiente (perguntas B, C e D não foram completamente abordadas).*

6. ESTRUTURA E OPERAÇÕES

A empresa *Casa de Artesanato* possuirá sua principal unidade de negócios no Shopping D&D. Essa unidade de 50 m² estará dividida entre uma loja e um escritório no mezanino, onde será a base para as operações da empresa. A partir dessa unidade, será controlado o estoque da loja e também dos quiosques, que serão montados em outros cinco pontos na cidade de São Paulo-SP, nos Shoppings Lar Center, Anália Franco, Eldorado, Bourbon e Morumbi.

O padrão do quiosque a ser montado deverá possuir muitas áreas de vitrine para expor a grande variedade de produtos. A dimensão do quiosque será de 10 m², e o investimento em material e equipamentos para a montagem gira em torno de R$ 10.000,00. O quiosque deverá possuir computador, telefone e internet. O aluguel de um quiosque dessas dimensões em *shoppings* classe A e B custa entre R$ 8.000,00 a R$ 12.000,00/mês. O quiosque deverá seguir as normas de instalação determinadas por cada *shopping*-alvo. O abastecimento de produtos nesses quiosques deverá ser semanal, inicialmente, podendo ser aumentada a frequência, dependendo da demanda. Cada quiosque terá dois funcionários capacitados e treinados para o portfólio de produtos da empresa, e seus horários de turno serão adequados à realidade de cada *shopping*.

> *Mostra a localização do negócio nos shoppings; descreve resumidamente como será a estrutura da loja e dos quiosques e cita inclusive os investimentos; trata dos principais processos operacionais, sem entrar em detalhes: estocagem, logística, gestão de fornecedores (incluindo seus critérios de seleção) (perguntas B e E).*

> *Não trata especificamente de P&D. Na verdade, quem faz a pesquisa e o desenvolvimento são os fornecedores. Então, esse item não se aplica aqui diretamente (pergunta A). Poderia ainda ter abordado o processo de seleção dos produtos (pergunta D).*

Todo o estoque da empresa ficará em posse da empresa terceirizada para realizar o estoque e a logística dos produtos. O responsável por esse processo será o supervisor de *supply chain*, e os itens serão enviados para os quiosques ou para a loja, dependendo da demanda de vendas.

O contato e a prospecção de fornecedores serão de responsabilidade da diretoria comercial, e novos produtos deverão ser incluídos no portfólio da empresa e disponibilizados para a loja e os quiosques.

Esse contato com os fornecedores será direto, via telefone, feiras de artesanatos e *sites*. Será priorizado o fornecimento dos produtos por meio de consignação e compra. Os fornecedores devem atender ao principal critério da *Casa de Artesanato*: uso de materiais sustentáveis, que não agridam o meio ambiente, produzin-

> *As perguntas C e G não são tratadas diretamente, mas os fornecedores dos produtos é que são responsáveis por esses aspectos!*

> *Não discorre sobre regulamentações e certificações. Esses poderiam ser diferenciais para a venda dos produtos, por exemplo, a adoção de um selo verde (pergunta H).*

do materiais de alto padrão de qualidade. Será dada preferência, primeiro, a fornecedores ou revendedores (atacado) do estado de São Paulo, devido à proximidade e facilidade de transporte. Posteriormente, busca-se a abertura para fornecedores diretos de todo o país. O recebimento dos produtos é feito em estoque terceirizado, de onde é distribuído para nossa loja principal e quiosques de *shoppings centers*.

> *O serviço pós-venda geralmente não é tratado com a devida atenção pelos empreendedores (foi o caso aqui, já que não mencionaram o fato), mas, cada vez mais, tem sido fator-chave para o sucesso nos negócios, pois fideliza (ou não) os clientes! (pergunta F).*

Novos pedidos são feitos após o remanejamento de produtos entre os pontos de venda, evitando sobra de produtos nos estoques. Um *software* interligando loja, quiosque e estoque será controlado pelo Departamento Comercial, administrando, assim, a quantidade de produtos em nosso sistema. Tal departamento também controla o tempo de pedidos aos fornecedores, que será calculado de acordo com a distância do fornecedor e o respectivo tempo de entrega, sempre com o cuidado de não esperar acabar o produto destinado à venda.

> *Mostra o processo de reposição de estoque nos pontos de venda.*

O treinamento e a capacitação dos funcionários de vendas ficarão a cargo do gerente de vendas, respondendo para o diretor comercial. O setor de recursos humanos e departamento de pessoal será terceirizado.

> *A terceirização do processo de RH e outros implica custos com fornecedores/parceiros. Esses dados precisam constar na seção financeira do PN!*

7. MARKETING E VENDAS

A *Casa de Artesanato* terá como objetivo focar e conquistar clientes das classes A e B. O negócio começará estrategicamente no primeiro ano com uma loja em um *shopping* especializado em móveis e decorações e mais duas filiais instaladas em outros dois *shoppings* em forma de quiosques. No segundo, terceiro e quarto anos, será aberto um quiosque por ano. A divulgação será por meio de *folders*, cartazes, internet e jornais de divulgação localizada.

> *Resume a estratégia de desenvolvimento do negócio. Este item deve ser abordado em mais detalhes na seção de Estratégia de Crescimento.*

Posicionamento

Oferecer produtos de decoração artesanal, de pequenos móveis a suvenires para a complementação de ambientes, com foco em produtos verdes, isto é, itens com procedência sustentável, produzidos com materiais que não agridam o meio ambiente e adquiridos de artesãos de regiões carentes do Brasil. Haverá dois portfólios de produtos: um para oferta na loja principal e outro para comercialização nas filiais (quiosques).

> *Deixa claro o posicionamento (verde/sustentável) e a oferta diferente de produtos na loja e nos quiosques (pergunta A).*

Preço

A *Casa de Artesanato* oferecerá um portfólio de produtos diferenciados, com destaque em sustentabilidade. Esse diferencial estará refletido no preço dos produtos (acima da média do mercado).

> *A estratégia é ter preços mais caros que a média do mercado, devido ao diferencial que os produtos propiciam. A pesquisa de mercado realizada ratificou que essa estratégia não está errada, já que as pessoas estão dispostas a pagar mais por isso (pergunta B).*

Praça

Nosso mercado potencial será a Grande São Paulo, por meio da captação de clientes usuários dos principais *shoppings* da cidade. Inicialmente, o canal internet será utilizado somente para a divulgação das lojas e de seu portfólio de produtos. Pretendemos participar das principais feiras e eventos de decoração e artesanato promovidos na Grande São Paulo, como a "Mega Artesanal". E, sempre que possível, das feiras regionais nas regiões produtoras de objetos de decoração e artesanato, com o objetivo de nos manter sempre atualizados e realizar a renovação dos portfólios.

> *A estratégia de marketing é apresentada com uma síntese dos 4Ps.*

> *Está bem definida a localização dos vários pontos de venda. A capitalização do fato de as unidades estarem em shoppings fica evidente devido ao grande fluxo de pessoas (pergunta C).*

Propaganda/comunicação

A divulgação será por meio de *folders*, cartazes, internet e jornais de divulgação localizada. O orçamento de marketing para o primeiro ano será de R$ 15.000,00, com prioridade para os canais internet, cartazes e *folders* para distribuição nos locais de venda. A partir do segundo ano, será realizada divulgação por meio de jornais e

> *O orçamento parece muito pequeno para tantas ações. As ações em feiras/eventos deveriam fazer parte da estratégia de propaganda/comunicação e, também, incorrem em custos que não foram previstos aqui! (pergunta D).*

revistas locais, e, à medida que o negócio evoluir, projeta-se inserir chamadas em revistas especializadas em decoração, design e artesanato.

Projeção de vendas mensais

Faturamento:

- 25 produtos da linha de móveis, com faturamento médio de R$ 2.452,80/unidade.
- 300 produtos de arte em palha, com faturamento médio de R$ 218,40/unidade.
- 500 produtos esotéricos, com faturamento médio de R$ 164,40/unidade.
- 50 produtos de arte em resina, com faturamento médio de R$ 843,98/unidade.
- 50 produtos de quadros e retratos, com faturamento médio de R$ 2.368,80/unidade.
- 100 produtos de cerâmica, com faturamento médio de R$ 462,00/unidade.
- 25 produtos de escultura, com faturamento médio de R$ 2.582,40/unidade.
- 50 produtos de pedras "não preciosas", com faturamento médio de R$ 691,20/unidade.
- 100 produtos complementares, como almofadas, velas, arranjos florais, máscaras etc., com faturamento médio de R$ 592,80/unidade.

Premissa de público estimado

Segundo a Abrasce, os *shoppings* recebem todo mês aproximadamente 400 milhões de visitantes. Por meio de pesquisas realizadas em quiosques de *shoppings* de São Paulo que vendem produtos decorativos, projetamos que um pequeno percentual dos frequentadores comprará produtos da *Casa de Artesanato*. Assim, estimamos vendas na ordem de 395 itens para a loja principal e 161 itens para cada quiosque mensalmente. Considerando uma loja e dois quiosques no primeiro ano, teremos um total de 8.604 itens. Porém, consideraremos que a média de venda mensal irá variar, tendo o primeiro mês vendas na ordem de 20% do total a ser atingido; no segundo mês, 25%; no terceiro mês, 30%; no quarto mês, 35%; no quinto mês, 40%; no sexto mês, 50%; no sétimo mês, 60%; no oitavo mês, 70%; no nono mês, 80%; no décimo mês, 90%; no décimo primeiro mês, 100%; e no décimo segundo mês, 100%. Sendo assim, a previsão real de venda do primeiro ano é de 5.019 itens, considerando que o faturamento do quiosque será em torno de 30% da loja principal, porque esses não irão comercializar móveis e grandes esculturas. Haverá uma margem de 140% sobre o valor de custo dos produtos.

> As premissas para a projeção de vendas foram objetivamente apresentadas, o que é um diferencial. Espera-se que sejam condizentes com o que se utilizou como premissa na planilha do PN. Isso porque não basta definir quanto a empresa vai faturar em cada ano. É necessário que se apresente um memorial de cálculo com a lógica proposta pelos empreendedores para se chegar aos números. Aqui, isso foi feito de maneira adequada (pergunta E). Por outro lado, não foi apresentada uma perspectiva de participação de mercado, algo difícil de mensurar em um mercado pulverizado, como é o caso do artesanato.

Para o segundo ano, a loja e os dois primeiros quiosques venderão a quantidade de itens prevista em 100% e será aberto o terceiro quiosque, que terá a previsão de vendas gradual, como foram os quiosques no primeiro ano. No terceiro ano, a loja e os três quiosques terão previsão de venda de 100%, e será aberto o quarto quiosque, com previsão de venda gradual como os outros em seu início. No quarto ano, a loja e os quatro quiosques terão previsão de vendas de 100% e o quinto quiosque será aberto com previsão de venda gradual como os anteriores. No quinto ano, a loja e os cinco quiosques terão previsão de venda de 100%.

A partir das premissas, projetou-se o faturamento da *Casa de Artesanato* para os próximos cinco anos, considerando a localização da loja, dos quiosques e o valor agregado da sustentabilidade que será oferecido como diferencial dos produtos comercializados. Com isso e as ações de divulgação do negócio, espera-se que a *Casa de Artesanato* chegue a mais de R$ 10 milhões de faturamento no quinto ano.

> *Apesar da clareza da explicação das premissas, algumas parecem irreais. Não faz sentido imaginar um crescimento linear do negócio ao longo dos primeiros meses. E após o primeiro ano de cada unidade as vendas mantêm-se no patamar máximo, o que também parece irreal. O empreendedor deve tomar cuidado com as projeções, pois fatores como sazonalidade e perfil do público de cada ponto de venda influenciam os resultados. Aqui, as projeções foram bem explicadas, mas parecem estar longe de um cenário provável (pergunta E).*

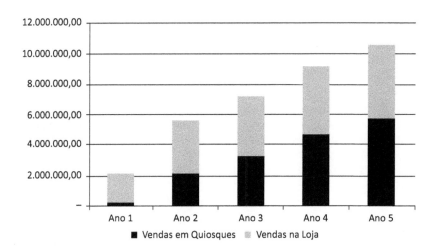

Faturamento [R$] projetado para a *Casa de Artesanato*

8. ESTRATÉGIA DE CRESCIMENTO

Aqui, enfatiza-se o conceito do negócio e mostram-se sua missão, ou razão de existir, e a visão de crescimento (pergunta A).

A *Casa de Artesanato* tem como objetivo facilitar o acesso da grande massa consumidora a produtos sustentáveis de decoração artesanal, por meio da venda direta a ser realizada em uma loja e em quiosques distribuídos em *shoppings* de São Paulo. Os produtos vendidos pela *Casa de Artesanato* serão sua única fonte de receita. A expansão dos pontos de venda pode ocorrer diante da análise de resultado dos primeiros quiosques, levando em consideração o forte crescimento desse setor da economia. A análise SWOT deixará mais claros os objetivos da *Casa de Artesanato*.

Forças	Fraquezas
• Produto sustentável: cada vez mais, uma necessidade mundial • Localização: grande circulação de possíveis clientes • Variedade de produtos	• Necessidade de aporte financeiro para início • Logística com os fornecedores • Alto custo de aluguel dos quiosques em *shopping* • Fonte única de receita
Oportunidades	Ameaças
• Setor de decoração em crescimento no Brasil e com expectativa de continuidade • Falta de produtos desse tipo disponibilizados em *shoppings* • Possibilidades de parcerias com incorporadoras e construtoras	• Não aceitação do produto pelos clientes que frequentam o local dos pontos de venda • Principais redes varejistas criarem soluções de venda focadas no posicionamento da empresa

A análise SWOT possibilita identificar as principais forças, fraquezas, oportunidades e riscos ao negócio (perguntas B, C, D, E). Mas não basta apenas citar essas informações na tabela. Há que se mostrar como mitigar os riscos, como tentar eliminar as fraquezas, como aproveitar os pontos fortes e ainda capitalizar sobre as oportunidades. Nos parágrafos que são apresentados após a tabela, os empreendedores tentam cumprir esse desafio.

Tendo em vista a análise SWOT realizada, a estratégia de crescimento da *Casa de Artesanato* levará em consideração a venda de produtos artesanais sustentáveis de decoração em *shoppings* de classe A e B em São Paulo, visando atingir, de forma mais fácil, o cliente que procura um produto de decoração e não quer se deslocar até um polo artesanal, por exemplo, a cidade de Embu das Artes, e focando no apelo sustentável, que é o assunto mais importante do momento com relação a meio ambiente. Em pesquisa de campo realizada, foi possível identificar que a maioria das pessoas entrevistadas daria preferência a um produto sustentável e pagaria até 20% a mais pelo produto.

Aqui, fala-se da estratégia, mas não se apresentam objetivos e metas claros. As estratégias são os meios para se atingirem os objetivos, e não o contrário (pergunta G).

A fonte única de receita e o alto custo dos aluguéis em *shoppings* de São Paulo podem ser superados ao atingir um mínimo de vendas para a grande quantidade de frequentadores do *shopping* ao mês. Assim, essas fraquezas podem ser superadas.

Mostra como pretendem superar as fraquezas.

Pretende-se ter uma grande quantidade de fornecedores, de modo que possam ser trocados os produtos e os fornecedores em caso de dificuldades na entrega dos produtos. No primeiro ano da empresa, haverá verba para viagens, nas quais se pretende localizar produtores e fechar parcerias. A verba repete-se anualmente para a atualização desses fornecedores. A busca de aporte para a fase inicial da empresa será necessária para sua viabilização.

> Os objetivos e as metas precisam ser específicos, mensuráveis, atingíveis, relevantes e, ainda, ter um prazo para ocorrer. Isso não ficou bem explicado aqui (pergunta F).

O grande objetivo da empresa é levar o produto a um local de fácil acesso e grande movimentação, proporcionando grande exposição. O gráfico a seguir mostra o crescimento das vendas para a loja e para os quiosques ao longo dos cinco anos de vida do empreendimento.

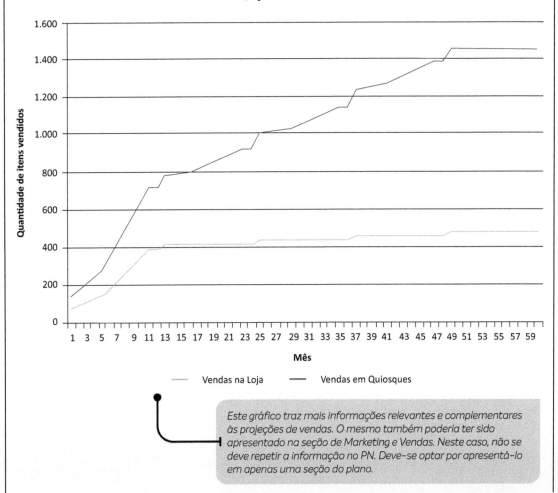

Projeção de vendas de itens mensais

> Este gráfico traz mais informações relevantes e complementares às projeções de vendas. O mesmo também poderia ter sido apresentado na seção de Marketing e Vendas. Neste caso, não se deve repetir a informação no PN. Deve-se optar por apresentá-lo em apenas uma seção do plano.

9. FINANÇAS

Todas as premissas utilizadas nas projeções financeiras para o negócio *Casa de Artesanato* encontram-se detalhadas na planilha que acompanha este plano de negócios. A seguir, apresenta-se uma síntese dessas premissas.

Encargos e impostos	
Reajuste de salário (Selic, base 2010)	9,65%
ICMS	12%
PIS/COFINS	3,65%
Impostos sobre faturamento	15,65%
IR	25,00%
CSLL	9,00%

> As principais premissas que dão base às projeções financeiras são apresentadas aqui e em mais detalhes na planilha do PN (pergunta C).

Premissas comerciais	Ano 1	Ano 2	Ano 3	Ano 4	Ano 5
Vendas de produtos em loja	4.740	4.977	5.226	5.487	5.761
Ticket médio obtido nas vendas na loja	660,00	699,60	741,58	786,07	833,23
Venda de produtos em quiosque	3.864	6.086	8.520	11.183	11.742
Ticket médio obtido nas vendas nos quiosques	390,00	413,40	438,20	464,50	492,37
Quantidade média de itens vendidos na loja por dia	13	14	14	15	16
Quantidade média de itens vendidos em quiosques por dia	5	6	6	6	6
Quantidade de itens vendidos por mês (loja + quiosques)	717	922	1.145	1.389	1.459
Faturamento de loja	R$ 3.128.400,00	R$ 3.481.909,20	R$ 3.875.364,94	R$ 4.313.281,18	R$ 4.800.681,95
Faturamento de quiosques	R$ 1.506.960,00	R$ 2.515.869,72	R$ 3.733.541,33	R$ 5.194.289,38	R$ 5.781.244,08
TOTAL	R$ 4.635.360,00	R$ 5.997.778,92	R$ 7.608.906,27	R$ 9.507.570,55	R$ 10.581.926,03

Considerando-se as premissas apresentadas, foram definidos os investimentos, as despesas e os custos para o negócio *Casa de Artesanato*.

Investimentos em infraestrutura	Ano 1	Ano 2	Ano 3	Ano 4	Ano 5
Computadores, móveis etc.	30.000,00	10.000,00	10.000,00	10.000,00	–
Luva (*shopping*)	600.000,00	–	–	–	–
Loja	20.000,00	–	–	–	–
Marketing (folhetos, *banners* e jornal local)	15.000,00	–	10.000,00	15.000,00	–
Quiosques	20.000,00	10.000,00	10.000,00	10.000,00	–
Outros	600,00	840,00	1.200,00	1.680,00	1.680,00
TOTAL	685.600,00	20.840,00	31.200,00	36.680,00	1.680,00

> *Aqui, há um equívoco, pois se considera o desembolso com marketing na parte de "investimentos em infraestrutura". Esse gasto deveria estar previsto na pasta de custos. Outro detalhe que chama a atenção é o baixo investimento em infraestrutura no ano 5. As projeções não devem ser feitas imaginando que a empresa acaba a partir do quinto ano. Pelo contrário, a empresa continuará a crescer (é o que todos esperam!).*

Despesas operacionais	Ano 1	Ano 2	Ano 3	Ano 4	Ano 5
Telefonia, energia elétrica e demais itens de telecomunicações	6.000,00	8.000,00	10.000,00	12.000,00	12.000,00
Internet	3.000,00	4.000,00	4.800,00	6.000,00	9.600,00
Condomínio	39.600,00	42.000,00	44.400,00	46.800,00	49.200,00
Demais despesas de comunicação (*folder*, cartões, publicações)	3.000,00	4.000,00	5.000,00	6.000,00	6.000,00
Software de escritório	4.800,00	4.100,00	4.100,00	4.100,00	3.600,00
Aluguel de quiosques	240.000,00	360.000,00	480.000,00	600.000,00	600.000,00
Aluguel de loja	396.000,00	419.760,00	444.945,60	471.642,34	499.940,88
Contador	24.000,00	24.000,00	24.000,00	24.000,00	24.000,00
Correios, jornais, revistas etc.	3.600,00	3.600,00	4.800,00	4.800,00	6.000,00
Material de escritório	3.600,00	3.600,00	4.800,00	4.800,00	6.000,00
Limpeza e manutenção do escritório	2.400,00	2.400,00	2.400,00	2.400,00	2.400,00
Viagens e treinamentos	30.000,00	30.000,00	30.000,00	–	30.000,00
Controle de estoque e logística	120.000,00	180.000,00	235.000,00	300.000,00	300.000,00
TOTAL	876.000,00	1.085.460,00	1.294.245,60	1.482.542,34	1.548.740,88

> *Nota-se ainda que a maior parte do investimento no primeiro ano é destinada ao ponto de venda da loja (luvas). Assume-se que no caso dos quiosques isso não se aplica (pergunta A).*

Custos	Ano 1	Ano 2	Ano 3	Ano 4	Ano 5
Agência web (desenvolvimento do site)	8.500,00	3.000,00	3.000,00	3.000,00	3.000,00
Estoque e logística	1.121.595,96	2.218.496,63	2.675.473,61	3.172.602,08	3.490.199,76
Hospedagem do site	1.200,00	1.200,00	1.200,00	1.200,00	1.200,00
TOTAL	1.131.295,96	2.222.696,63	2.679.673,61	3.176.802,08	3.494.399,76

A folha de pagamento consolidada por ano e por tipo de função/funcionário, já considerando os encargos e benefícios, é apresentada a seguir.

> Os principais custos e despesas são apresentados resumidamente no PN e em detalhes na planilha (pergunta B). Note que a terceirização de RH parece ter sido esquecida pelos empreendedores. Tudo que for terceirizado precisa constar nestas planilhas, tais como assessoria jurídica, contador etc.!

GASTOS TOTAIS COM SALÁRIOS/BENEFÍCIOS	Ano 1	Ano 2	Ano 3	Ano 4	Ano 5
CONSELHO					
Conselheiros	60.000,00	60.000,00	–	–	–
ADMINISTRATIVO/ FINANCEIRO					
Presidência (pró-labore)	8.640,00	8.640,00	72.000,00	78.948,00	86.566,00
Diretor administrativo-financeiro	8.640,00	8.640,00	72.000,00	78.948,00	86.566,00
Assistente administrativo-financeiro	36.000,00	39.474,00	43.283,00	47.460,00	52.040,00
Gerente vendas	60.000,00	65.790,00	72.139,00	79.100,00	86.733,00
MARKETING/ COMERCIAL					
Supervisor estoque	36.000,00	39.600,00	43.560,00	47.764,00	52.373,00
Supervisor loja	48.000,00	52.632,00	57.711,00	63.280,00	69.387,00
Vendedores	122.400,00	178.949,00	245.272,00	349.623,00	383.361,00
GASTOS TOTAIS COM FUNCIONÁRIOS	379.680,00	453.724,80	605.964,66	745.122,38	817.026,69

QUANTIDADE DE FUNCIONÁRIOS	Ano 1	Ano 2	Ano 3	Ano 4	Ano 5
CONSELHO					
Conselheiros	1	1	–	–	–
ADMINISTRATIVO/ FINANCEIRO					
Presidência (pró-labore)	1	1	1	1	1
Diretor administrativo-financeiro (pró-labore)	1	1	1	1	1
Assistente administrativo-financeiro	1	1	1	1	1
Gerente Vendas	1	1	1	1	1
MARKETING/COMERCIAL					
Supervisor estoque	1	1	1	1	1
Supervisor loja	1	1	1	1	1
Vendedores	6	8	10	13	13
TOTAL DE FUNCIONÁRIOS	12	14	16	19	19
TOTAL DE FUNCIONÁRIOS + CONSELHEIROS	13	15	16	19	19

> Os desembolsos com funcionários, sócios e conselheiros são apresentados resumidamente aqui e em detalhes na planilha. Note que o número de funcionários se mantém fixo nos anos 4 e 5, algo improvável de ocorrer e que já foi mencionado na seção Equipe de Gestão.

A projeção de receita no horizonte de cinco anos e por tipo de estabelecimento é sintetizada na próxima tabela.

RESULTADOS ANUAIS	Ano 1	Ano 2	Ano 3	Ano 4	Ano 5
Vendas em quiosques	301.392,00	2.166.443,37	3.344.630,78	4.761.431,93	5.781.244,08
Vendas na Loja	1.824.900,00	3.481.909,20	3.875.364,94	4.313.281,18	4.800.681,95
RECEITA TOTAL	2.126.292,00	5.648.352,57	7.219.995,71	9.074.713,11	10.581.926,03

> Repete-se aqui a projeção de vendas. Isso será útil para entender a tabela seguinte, de resultados detalhados ano a ano.

Os resultados líquidos consolidados são apresentados na tabela a seguir, e os dados detalhados mês a mês são demonstrados na planilha que acompanha o plano de negócios.

Resultados anuais	Ano 1	Ano 2	Ano 3	Ano 4	Ano 5
Vendas na loja	R$ 301.392,00	R$ 2.166.443,37	R$ 3.344.630,78	R$ 4.761.431,93	R$ 5.781.244,08
Vendas nos quiosques	R$ 1.824.900,00	R$ 3.481.909,20	R$ 3.875.364,94	R$ 4.313.281,18	R$ 4.800.681,95
Receita total bruta	R$ 2.126.292,00	R$ 5.648.352,57	R$ 7.219.995,71	R$ 9.074.713,11	R$ 10.581.926,03
Impostos sobre a receita bruta	R$ 332.764,70	R$ 883.967,18	R$ 1.129.929,33	R$ 1.420.192,60	R$ 1.656.071,42
Receita líquida	R$ 1.793.527,30	R$ 4.764.385,39	R$ 6.090.066,39	R$ 7.654.520,50	R$ 8.925.854,60
Custos	R$ 1.131.295,96	R$ 2.222.696,63	R$ 2.679.673,61	R$ 3.176.802,08	R$ 3.494.399,76
Investimentos na infraestrutura	R$ 685.600,00	R$ 20.840,00	R$ 31.200,00	R$ 36.680,00	R$ 1.680,00
Despesas	R$ 876.000,00	R$ 1.085.460,00	R$ 1.294.245,60	R$ 1.482.542,34	R$ 1.548.740,88
Funcionários	R$ 379.680,00	R$ 453.724,80	R$ 605.964,66	R$ 745.122,38	R$ 817.026,69
Lucro bruto	R$ (1.279.048,65)	R$ 981.663,96	R$ 1.478.982,51	R$ 2.213.373,71	R$ 3.064.007,28
IR	R$ –	R$ (245.415,99)	R$ (369.745,63)	R$ (553.343,43)	R$ (766.001,82)
CSLL	R$ –	R$ (88.349,76)	R$ (133.108,43)	R$ (199.203,63)	R$ (275.760,66)
Lucro anual	**R$ (1.279.048,65)**	**R$ 647.898,22**	**R$ 976.128,46**	**R$ 1.460.826,65**	**R$ 2.022.244,80**

Os resultados anuais são apresentados de modo que a DRE e o Fluxo de Caixa se confundem. Isso ocorre porque, como no plano de negócios da Criança Feliz, os empreendedores optaram por simplificar as vendas e contas a pagar. Considerou-se que tudo é vendido à vista e pago à vista. Isso não é real e pode comprometer uma análise mais criteriosa. Porém, é a maneira mais simples de se desenvolver um PN para aqueles que não são especialistas em finanças. Trata-se, portanto, de uma alternativa aceitável, desde que todos estejam cientes de que os resultados apresentados são aproximados (pergunta D).

O balanço patrimonial também não foi apresentado, mas neste caso sua apresentação é tida como opcional (pergunta D).

Ao se analisar a projeção de receita no quinto ano na planilha, nota-se que em todos os meses foram consideradas vendas idênticas. Isso é improvável de ocorrer!

O gráfico de exposição do caixa é obtido na tabela anterior, detalhada mensalmente.

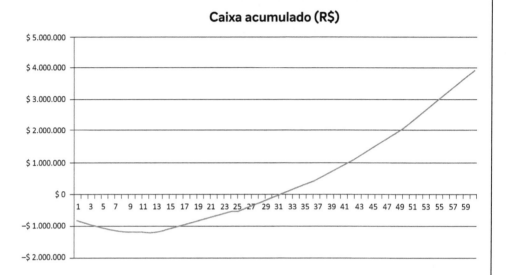

A partir do gráfico de exposição do caixa, obtém-se o investimento inicial de R$ 962.203,14 no primeiro mês; a máxima necessidade de investimento acontecerá no mês 12, no valor de R$ 1.279.048,65, e o ponto de equilíbrio do negócio será no mês 33. Considerando uma taxa de desconto de 15%, obtém-se o VPL de R$ 1.860.153,66. A TIR após cinco anos é de 69%. Aos investidores interessados, os sócios da *Casa de Artesanato* oferecem 41% de participação no negócio, pelo aporte de R$ 1.279.048,65 ao longo dos primeiros 12 meses do negócio. Os valores de *pre-money* e *post-money valuation* são de R$ 1.860.153,66 e R$ 3.139.202,31, respectivamente.

> *O gráfico de exposição de caixa é o conteúdo mais importante da seção de Finanças. Sua análise atenta permite identificar visualmente o investimento inicial necessário para o negócio (R$ 962 mil); a máxima necessidade de recursos (R$ 1.279.048); quando ocorre o retorno do investimento (mês 33). Além disso, na planilha do PN, há os cálculos e fórmulas utilizadas para se chegar a TIR, VPL, pre-money e post-money valuation. Esses dados são úteis para a negociação com os investidores (perguntas E e F).*

> *Note que no cálculo do VPL utilizou-se a taxa de desconto de 15%. No plano da Criança Feliz a taxa foi de 13%. Você pode definir essa taxa de acordo com o padrão praticado no mercado de sua região. Normalmente, a maioria dos PNs utiliza taxas acima de 10%, chegando a até 18%. Em casos de negócios com empresas de capital de risco, esses valores podem ser ainda maiores.*

> *Não foram apresentados cenários alternativos neste plano (pergunta G).*

CAPÍTULO 4

PLANO DE NEGÓCIOS DE UM *SITE* QUE VENDE PRODUTOS ORGÂNICOS*

---

* Este plano de negócios foi desenvolvido tendo como base o PN original criado pelos alunos do MBA do PECE/USP: José Daniel Rodrigues Terra, Lan Chi Cheng, Leonardo Henrique Balbino, Rosangela do Nascimento Danin Freitas, Ubiratan Drimel, sob orientação do Prof. Dr. José Dornelas.

Acesse a seção de *downloads* no *site* www.josedornelas.com.br para obter a planilha financeira completa e os anexos deste plano de negócios.

• ORGANIKA

Comércio eletrônico de produtos orgânicos

1. SUMÁRIO EXECUTIVO

Conceito do negócio

A ORGANIKA é um *site* de comércio eletrônico voltado aos consumidores de produtos orgânicos, das classes A e B, residentes na Grande São Paulo. O serviço preza pela disponibilidade e oferta de produtos de qualidade, bem como entrega diferenciada com menores prazos, focando na satisfação do consumidor.

Mercado e competidores

Segundo pesquisa realizada pela Organic Services e a Vital Food, divulgada em 2019 na feira Bio Brazil Fair, no Pavilhão da Bienal em São Paulo, 44% dos consumidores de produtos orgânicos ganham acima de R$ 6 mil e 40% dos entrevistados têm no mínimo curso superior completo. O crescimento desse mercado está na casa dos dois dígitos percentuais, e a tendência é que continue nesse ritmo nos próximos anos. Os concorrentes, principalmente os varejistas, estão bem enraizados no mercado, e grande parcela tem fornecedores de longa data, o que dificulta a penetração. Porém, a ORGANIKA tem uma nova proposta: fornecer produtos frescos, bem embalados, na residência do consumidor, em todos os dias úteis da semana. Esse diferencial é fundamental, visto que 90% dos fornecedores oferecem os produtos somente uma vez por semana.

> *Aqui, fala-se do perfil do consumidor e dos competidores, mas não se mostra o tamanho do mercado potencial (pergunta C parcialmente respondida).*

> *Em poucas linhas, explica o que é o negócio, seus diferenciais (pergunta E), e fala objetivamente do perfil dos principais envolvidos (pergunta A). Ao falar dos produtos/serviços, deixa mais claro o modelo de negócio da empresa (como fará dinheiro).*

Equipe de gestão

O negócio possui dois sócios com 50% de participação na empresa. São profissionais com bastante experiência no ramo hortifruti e em gestão. Além dos sócios, haverá um entregador terceirizado e um conselheiro administrativo, a partir do 19º mês. Esses profissionais contribuirão para a construção e a execução da estratégia de negócio da ORGANIKA. Haverá também um assistente de operações no primeiro ano de operação, aumentando-se para dois no segundo ano, três no terceiro ano e, assim sucessivamente, até cinco assistentes de operações no quinto ano.

Produtos e serviços

Os serviços têm o diferencial da entrega diária, além da qualidade já exigida pelo mercado de produtos orgânicos, bem como sua variedade. Os produtos são exclusivamente frutas, legumes e verduras. Há duas formas básicas de aquisição pelo consumidor, que compra pelo *site* da empresa: assinatura mensal, com direito a uma cesta de produtos; e compra individual dos produtos nos quais tenham interesse.

Estrutura e operações

O negócio tem sede na cidade de São Paulo e conta com toda a infraestrutura necessária para a gestão e operacionalização. Os processos de negócios foram desenvolvidos de maneira a manter uma equipe enxuta, focada nas principais atividades-fim da empresa. A empresa conta com a terceirização de atividades de entrega.

Os principais fornecedores se encontram nos arredores da cidade, e a logística foca no recebimento de produtos em um único endereço, reduzindo os custos dessa operação.

Marketing e vendas

A estratégia de marketing baseia-se na obtenção de usuários para o *site* do negócio, atraídos por palavras-chave patrocinadas no Google. O cadastro é gratuito, e os usuários podem usufruir de todas as funcionalidades do *site*, incluindo promoções e pacotes de serviços. Pretende-se, com isso, atingir um público de 2.200 usuários cadastrados ao final do primeiro ano e chegar a mais de 18 mil no quinto ano da operação. Com isso, o negócio deverá faturar cerca de R$ 500 mil no primeiro ano, chegando a cerca de R$ 3 milhões ao final do quinto ano da operação.

Estratégia de crescimento

> *Não fica clara a estratégia. Mostra-se apenas um anseio, uma vontade, mas não se especifica o "como" (pergunta B não foi adequadamente respondida).*

Após a consolidação do negócio via crescimento orgânico e divulgação na *web*, a meta é atingir toda a região metropolitana da Grande São Paulo, abrangendo maior quantidade de pessoas dentro do público-alvo da empresa.

Finanças

O investimento necessário para operacionalizar a ORGANIKA é de R$ 58 mil, e o primeiro fluxo de caixa positivo ocorrerá no mês 7. O negócio terá retorno do investimento no mês 24. O VPL é de R$ 370 mil (15% a.a. de taxa de desconto) e a TIR é de 187% a.a.

Oferta e necessidade de aporte de recursos

Aos investidores interessados, os sócios da ORGANIKA oferecem 13% de participação no negócio pelo aporte de R$ 58 mil, haja vista que o *post-money valuation* da empresa é de R$ 427mil.

> *Mostra quanto a empresa vai obter de resultados, de quanto dinheiro precisa e quando será necessário. Mas não apresenta como o dinheiro será usado, o que poderia ter sido explicado em poucas palavras a partir dos dados da seção de Finanças (pergunta D).*

2. CONCEITO DO NEGÓCIO

Logo no primeiro parágrafo, descreve sucintamente a oportunidade e o que é o negócio. Poderia ter apresentado números macro que ratificassem a oportunidade de mercado.

A oportunidade de explorar o comércio de produtos orgânicos no Brasil se mostra muito atrativa e promissora, tendo em vista o forte apelo ambiental e o aumento do poder aquisitivo da população, associados ao aumento da busca pela qualidade de vida, principalmente nos grandes centros, como a cidade de São Paulo. A partir dessa análise, surge a ORGANIKA, loja virtual de produtos orgânicos.

O modelo de receita da ORGANIKA se baseia na venda direta de produtos orgânicos ao cliente final, fazendo com que o consumidor se sinta em contato com os produtores, buscando humanizar esse comércio, além de considerar a ética em seus negócios.

O modelo de negócio foca na venda direta, utilizando a internet como principal canal de comunicação.

A ORGANIKA pretende ser referência quando o assunto for venda de produtos orgânicos pela internet, uma vez que busca cativar e fidelizar os clientes. A melhor propaganda virá dessa fidelização.

Apresenta a visão da empresa (ser referência na área) e seus diferenciais.

O *site* da ORGANIKA foca as classes A e B. Seu principal diferencial são as entregas diárias e a facilidade de pagamento. Além disso, sua plataforma é de fácil entendimento, fazendo com que o usuário/consumidor interaja de maneira clara com o *site*.

Não entra em detalhes de aspectos operacionais, societários, legislação, licenças, impostos etc. Esse tipo de informação pode ser incluída em anexo no PN. Se isso ocorrer, deve-se citar aqui em qual anexo se encontra.

Discute novamente parte do modelo de negócio e espera-se que o tema seja retomado em mais detalhes nas seções marketing e vendas e/ou produtos e serviços.

O *site* tem duas categorias de serviços: uma focada no público fidelizado, ou seja, aquele que pretende realizar as compras com certa frequência e, por esse motivo, adquire um pacote de serviços via uma assinatura mensal; a outra categoria foca em vendas esporádicas para aqueles que não têm a intenção de adquirir o pacote.

3. MERCADO E COMPETIDORES

E-commerce de produtos alimentícios no Brasil

As vendas do *e-commerce* no Brasil cresceram consideravelmente em 2021, apesar da pandemia, ou talvez a própria pandemia possa ter ajudado nesse crescimento. Foram mais de 27% em relação a 2020, representando um faturamento de R$ 182,7 bilhões, segundo a Nielsen.

Isso deveu-se em parte pelo forte desempenho das categorias de alimentos e bebidas, com aumento de mais de 100% no volume de pedidos. Do total das vendas, 53% se deram pelos celulares, cada vez mais sendo utilizados como ferramenta de compra pelos brasileiros.

> Apresenta um retrato do setor no segmento de alimentos e bebidas, mas de maneira muito objetiva (perguntas A, B, C). Números acima de dois dígitos (mais de 10% a.a.) indicam que o mercado de e-commerce é crescente e com perspectivas de manter o ritmo nos próximos anos (pergunta C). A ordem de grandeza do mercado (e-commerce e alimentos) é mostrada em reais (pergunta D).

Mercado-alvo

Segundo pesquisa realizada pela Organic Services e a Vital Food, divulgada em julho de 2019 na feira Bio Brazil Fair, no Pavilhão da Bienal em São Paulo, 44% dos consumidores de produtos orgânicos ganham acima de R$ 6 mil, e 40% dos entrevistados têm, no mínimo, curso superior completo. E, ainda, quase 70% dos consumidores são do sexo feminino, entre 31 a 60 anos. Esses dados definem o público-alvo da ORGANIKA: os consumidores das classes econômicas A e B.

> Não foram apresentados os riscos e a estrutura do mercado (pergunta E), mas uma pesquisa sobre o setor de orgânicos facilita entender o perfil do público-alvo (pergunta G).

O mercado para produtos orgânicos no Brasil caracteriza-se por possuir um grande número de pequenos (10%) e médios produtores (90%) na etapa produtiva. Os grandes produtores encarregam-se da produção voltada à exportação, e os pequenos, principalmente de base na agricultura familiar, abastecem o mercado interno. No entanto, essa situação pode ser alterada segundo as características do produto comercializado ou o nível de organização (ações conjuntas) dos pequenos pro-

> Esta passagem poderia também ser apresentada como complemento da subseção anterior, pois responde à pergunta E.

> Estes parágrafos poderiam ter sido descritos com mais objetividade. Deve-se ainda, sempre que possível, evitar citar frases idênticas às obtidas nos relatórios de mercado, pois

dutores. No Brasil, em 2021, havia mais de 25 mil estabelecimentos agrícolas que praticavam a agricultura orgânica no Cadastro Nacional de Produtores Orgânicos, segundo o Ministério da Agricultura, Pecuária e Abastecimento (MAPA).

Ainda segundo o MAPA: "A certificação de produtores orgânicos pode ser realizada de três formas: por auditoria; por sistema participativo de garantia; e pelo controle social na venda direta. Neste último caso, a legislação brasileira abriu uma exceção na obrigatoriedade de certificação dos produtos orgânicos para a agricultura familiar. Exige-se, porém, o credenciamento em uma organização de controle social cadastrada em órgão fiscalizador oficial." Mostra-se, pela Figura 1, o selo oficial de garantia do produto orgânico brasileiro:

> se espera que o empreendedor interprete as informações, e não apenas reproduza o que encontrou em suas pesquisas. Porém, é sempre importante que toda informação citada tenha sua fonte devidamente especificada (quem produziu a informação e quando).

Figura 1. Selo oficial de garantia do produto orgânico brasileiro.

> Mostra o que o cliente está comprando (pergunta H).

O MAPA afirma também que "a maior parte da comercialização de produtos orgânicos ainda se concentra em alimentos frescos, como frutas e vegetais. Contudo, o consumo não se restringe aos produtos frescos. Arroz, molhos, condimentos e conservas foram os produtos mais procurados na área de alimentos embalados orgânicos".

Segundo o Sebrae: "A comercialização de produtos orgânicos é feita por diferentes mecanismos. Existe a venda direta ao consumidor final, por meio de entrega em domicílio (cestas orgânicas do produtor), e em feiras de produtores. Outra forma é a venda para agentes intermediários varejistas, como lojas especializadas em produtos orgânicos, lojas de produtos naturais, varejões que comercializam hortifrúti em geral, feiras livres tradicionais e redes varejistas. Existe, também, a venda para empresas de *food service* em geral (restaurantes, lanchonetes, redes de *fast-food* e cozinhas industriais) e a venda aos mercados institucionais (prefeituras, por exemplo, que utilizam o produto no preparo de refeições para escolas e hospitais públicos). Outra forma são as vendas a atacadistas nacionais, cujos principais clientes são as empresas distribuidoras exclusivas de produtos orgânicos, que, posteriormente, revendem o produto ao consumidor final ou a grandes redes varejistas. Além disso, vende-se também para empresas exportadoras atacadistas, processadoras e redes varejistas do exterior".

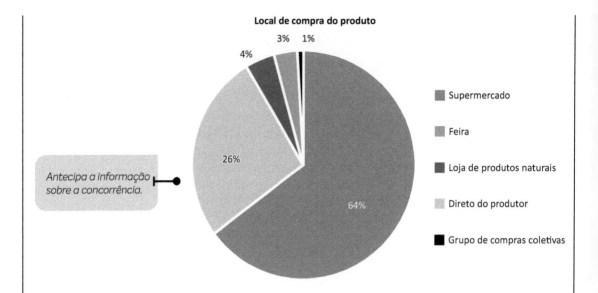

Figura 2. Pontos de comercialização varejista de alimentos orgânicos (*IstoÉ e ApasShow*, 2017).

Antecipa a informação sobre a concorrência.

"No Brasil, os supermercados/hipermercados continuam detendo as maiores vendas de alimentos e bebidas orgânicas, representando quase 80% do mercado. A presença cada vez maior de lojas especializadas em produtos naturais levou os fabricantes a diversificar sua distribuição, ampliando seus canais de vendas por meio de atividades de promoção e *merchandising*."

E ainda: "Com a normatização legal na certificação de alimentos orgânicos e bebidas, o setor enfrentará problemas de disponibilidade de matérias-primas para a produção de alimentos processados, enquanto a demanda continuará crescendo. Da mesma forma como em anos passados, o governo brasileiro vai desempenhar importante papel na área da agricultura convencional e espera-se que venha a financiar e estimular a produção de alimentos orgânicos".

Em março de 2022, foi realizada uma pesquisa *on-line* pelos idealizadores da ORGANIKA com mais de 130 pessoas. Sessenta por cento dos entrevistados disseram já consumir produtos orgânicos. Apesar disso, os outros 40% que ainda não consomem disseram que consumiriam. O motivo principal para o não consumo ou para o consumo esporádico de produtos orgânicos foi indicado por 54% dos entrevistados como o preço. A oferta e a variedade de produtos também foram indicadas pelos entrevistados como grandes dificuldades de compra.

Daqueles que consomem orgânicos, 67% gastam, em média, R$ 50 mensalmente com esses produtos e 16% gastam acima de

Essa pesquisa primária é de extrema importância no plano de negócios e poderia ter sido citada anteriormente nesta seção. Apresenta por que o consumidor compra, o que influencia, dificulta ou impede a compra, a periodicidade com que compra e o gasto médio (perguntas I, J, K). E ainda ratifica a oportunidade, pois os respondentes comprariam pela internet!

R$ 100. Quase 50% dos consumidores fazem compras semanais. Isso reforça o dado mostrado anteriormente, pois os consumidores podem deixar de comprar pelo fato de o custo do produto ser elevado, isso quando comparado com produtos cultivados normalmente, ou até mesmo deixam de comprar, pois não têm acesso a uma gama razoável de variedades.

Um dado interessante é que a maioria dos entrevistados, 54% deles, tem como definição que o alimento orgânico é aquele simplesmente produzido sem o uso de agrotóxicos. Com isso, observa-se que existe uma necessidade de difusão de informação para a população de como os orgânicos são produzidos.

Pela pesquisa, nota-se ainda que 65% dizem que comprariam produtos orgânicos por meio de um *site* de vendas, conforme Figura 3. Essa é a grande oportunidade para a ORGANIKA.

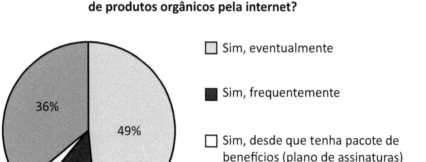

Figura 3. Consumidores que comprariam produtos orgânicos pela internet (ORGANIKA).

E, se as pessoas estão dispostas a isso, provavelmente já tiveram alguma experiência com compras em lojas virtuais. Para decidir por uma compra de produtos orgânicos pela internet, 63% e 57% dos entrevistados, respectivamente, citaram a qualidade dos produtos (procedência e/ou certificação) e o preço. O prazo de entrega, a oferta e a variedade de produtos não ficaram muito abaixo desse índice, mostrando que o consumidor é ainda mais exigente quando está realizando uma compra pela internet, conforme mostrado na Figura 4.

Caso houvesse um serviço de venda de produtos orgânicos pela internet, o que você levaria em consideração para tomar a decisão de compra?

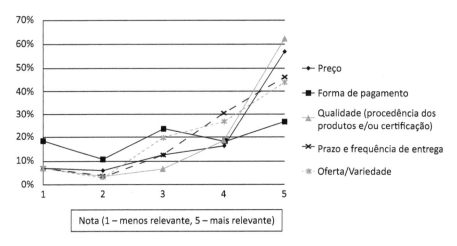

Figura 4. Fatores para a decisão de compra de produtos orgânicos pela internet (ORGANIKA).

Quanto ao local de moradia na cidade de São Paulo, 60% correspondem às regiões Sul e Oeste, locais onde estão concentrados bairros nobres, dado pelo qual se pode demonstrar que as famílias (85% dos que consomem produtos orgânicos disseram haver pelo menos dois consumidores na casa) com maior poder aquisitivo são grandes consumidoras de produtos orgânicos.

> *Complementa a análise, mostrando onde se encontra o público-alvo, o que influenciará na estratégia de marketing da ORGANIKA para se chegar ao cliente (pergunta L).*

> *Aqui, os empreendedores exageraram na extensão do texto. Não há necessidade de novamente chamar a atenção para o potencial do mercado, pois isso já foi dito anteriormente. Na análise da concorrência, deve-se mostrar como você e seus competidores estão posicionados no mercado e de que maneira você vai crescer perante eles.*

A partir desses dados preliminares, o foco inicial da ORGANIKA será o público que faz parte de um nicho, das classes A e B, com maior poder aquisitivo, alto grau de instrução, que está mais familiarizado com a tecnologia e o *e-commerce*, e que se preocupa com questões ambientais e com sua saúde.

Análise da concorrência

Conforme já mencionado, o mercado de orgânicos ainda está amadurecendo no Brasil. Recentemente, em reportagem publicada na revista *ISTOÉ*, o mercado de orgânicos despontou como um dos três maiores a serem explorados no país.

O perfil do consumo brasileiro também mudou: alimentos com maior qualidade são mais consumidos, bem como artigos de luxo e automóveis. Nota-se que o padrão de vida da população alcançou outro patamar e o setor de alimentação, principalmente o que preza pela boa qualidade de vida e saúde, está entre aqueles com maior possibilidade de crescimento.

É nessa economia de transformações que o mercado de orgânicos está inserido. Apesar de ser um mercado pouco conhecido, possui uma clientela fiel e que recomenda o uso desses produtos para o meio em que vive. Além disso, há o fator sustentabilidade, visto que esses produtos têm como principal característica o não uso de agrotóxicos e a manutenção do bioma no qual estão inseridos.

Contudo, entrar nesse mercado, mesmo com forte expansão, não é tarefa das mais simples. Os concorrentes, principalmente os varejistas, estão bem enraizados no mercado, e a grande parcela deles tem fornecedores de longa data, o que dificulta a penetração. Porém, a ORGANIKA tem uma nova proposta: fornecer produtos frescos, bem embalados, na residência do consumidor, em todos os dias úteis da semana. Esse diferencial é fundamental, visto que 90% dos fornecedores oferecem o produto somente uma vez por semana. Além do mais, o foco da ORGANIKA será no setor hortifruti, ou seja, em frutas, legumes e verduras. Com esse tipo de especialização e garantia de qualidade de entrega, a ORGANIKA fará a diferença nesse mercado competitivo, porém com forte expansão.

> *Aqui, já começa a ficar clara a proposta de valor da empresa, que quer se diferenciar pela entrega em todos os dias da semana (pergunta N).*

> *Os principais concorrentes são empresas de porte no setor (pergunta M).*

Outro fator importante a ser considerado é que, como o foco é o setor hortifruti, os principais concorrentes são os grandes varejistas, que, com uma oferta direta aos olhos do cliente, possuem a maior parcela de consumidores.

De acordo com a Figura 5, percebe-se que o varejista Pão de Açúcar domina o mercado de venda de orgânicos na Grande São Paulo, uma vez que o grupo "Venda *on-line*" representa a venda de todos os empreendimentos com essa finalidade, o que significa um mercado pulverizado. Dessa forma, o preço utilizado por esse meio de distribuição é muito superior ao praticado pelo mercado *on-line*. Aqui, vale ressaltar que o principal destaque da ORGANIKA é a entrega diária, na residência do cliente, com preços mais competitivos, quando o assunto é produto orgânico.

Apresenta uma breve descrição dos principais players e como se posicionam no mercado. Os maiores concorrentes têm estrutura para atender uma demanda crescente, mas geralmente são menos ágeis, por ser empresas com maior burocracia na tomada de decisão. Isso deve ser considerado pela ORGANIKA na definição de sua estratégia de marketing e vendas (perguntas O, P, Q).

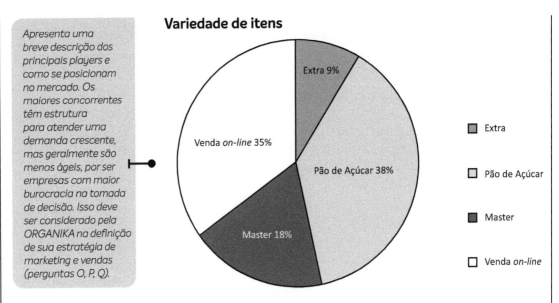

Figura 5. Variedade em produtos orgânicos – mercado varejista e vendas *on-line* (ORGANIKA).

Resumidamente, pode-se avaliar a capacidade de mercado da ORGANIKA e de concorrentes de acordo com a Tabela 1:

A análise da concorrência comparando atributos é a mais indicada no PN. Aqui, além disso, destaca-se a análise comparativa tanto dos grupos de principais concorrentes como os concorrentes diretos da empresa.

Tabela 1. Análise e características dos principais concorrentes

Tópicos	ORGANIKA	Pão de Açúcar/ Extra	Vendas on-line	Master
Perfil de consumidor	Classes A e B	Classes A e B	Classes A e B	Classes A e B
Marca	N.A.	Forte	Média	Fraca
Modelo de negócio	Comércio eletrônico	Comércio eletrônico/ varejista	Comércio eletrônico	Comércio varejista
Diferencial de mercado	Entregas diárias	Loja física/vários pontos/ entregas programadas	Datas programadas de entrega	Poucos pontos de entrega
Variedade	Alta	Média a alta	Alta	Baixa
Rotatividade de abastecimento	Alta	Média	Baixa	Baixa

Contudo, avaliando os principais concorrentes diretos, que também realizam venda *on-line*, têm-se os dados apresentados na Tabela 2:

Tabela 2. Análise e características dos principais concorrentes diretos em venda *on-line*

Tópicos	ORGANIKA	Horta do Vovô	Bom Verdureiro	Caminho da Roça
Perfil de consumidor	Classes A e B	Classes A e B	Classes A e B	Classes A e B
Marca	N.A.	Médio	Forte	Forte
Qualidade do site	N.A.	Média a Alta	Média	Média
Diferencial de mercado	Entregas diárias/Foco em frutas, legumes e verduras	Grande variedade de produtos	Alimentos preparados para recém-nascidos	Grande variedade de produtos
Variedades	Alta	Média a Alta	Média	Alta
Rotatividade de abastecimento	Alta	Baixa (1 vez por semana)	Baixa (2 vezes por semana)	Baixa (2 vezes por semana)

A concorrência direta já está no mercado há algum tempo e tem a vantagem de ser conhecida do público-alvo (pergunta S). É difícil dizer a respeito da eficiência de sua equipe gerencial (pergunta R), mas tanto os concorrentes diretos como os de maior porte poderão vir a concorrer com a ORGANIKA utilizando sua principal estratégia de diferenciação, que é a entrega diária (pergunta T). Esse é um risco ao sucesso do negócio!

Em síntese, nota-se que o principal diferencial competitivo da ORGANIKA perante seus concorrentes diretos será a realização de entregas diárias de frutas, legumes e verduras. Esse deve ser o mote da estratégia de marketing da empresa.

4. EQUIPE DE GESTÃO

Mostra quem são os principais envolvidos no negócio, de onde vêm e sua experiência prévia (perguntas A, B, C).

A ORGANIKA será constituída por: Ometo Adil, sócio e empreendedor com vasta experiência no ramo de produção, comercialização e distribuição de alimentos hortifruti. Da equipe inicial, ainda faz parte Erik Filorde, supervisor de operação, profissional com experiência na área de logística, atuando principalmente na gestão dos processos de recebimento, armazenamento e roteirização para expedição.

Não há necessidade de detalhar o currículo de cada integrante da equipe nesta seção do PN, mas seria prudente colocar em anexo os CVs dos sócios e citar essa informação aqui.

A gestão estratégica será complementada, a partir do 19º mês, por um conselheiro consultivo, especialista no ramo, visto que a empresa busca aumentar sua área de atuação no mercado a partir do 25º mês.

Ometo Adil (setor administrativo-financeiro/sócio): experiente agricultor no ramo hortifruti. Tem experiência em negociação com os distribuidores de grandes redes varejistas no interior do estado de São Paulo.

> Parece haver complementariedade no perfil dos sócios (pergunta D).

Erik Filorde (supervisor de operações/sócio): profissional da área de logística que atuou em empresas de diversos segmentos. Possui conhecimentos no controle de estoque e roteirização para a entrega de produtos.

> Apresenta de maneira objetiva as responsabilidades de cada área do negócio, o que será terceirizado e o que será feito internamente (pergunta E).

Os processos contábil, tecnológico e de entrega serão efetuados por empresas terceirizadas, sendo que a ORGANIKA ainda contará com uma assessoria jurídica externa. O conselheiro consultivo ainda não foi definido e será escolhido de acordo com seu conhecimento no ramo de atuação.

> Mostra o que (quem) está faltando e quando fará parte da equipe (pergunta F).

Os funcionários da empresa terão direito a vale-transporte e vale-alimentação. A forma de motivação, além de um bom ambiente de trabalho (temperatura, iluminação e conforto adequados), será um programa de participação nos resultados da empresa caso as metas definidas sejam atingidas, além de um bônus anual individual baseado na avaliação de desempenho do funcionário. Inicialmente, a empresa manterá apenas três funcionários, chegando a oito no 5º ano, já considerando o conselheiro. Os sócios receberão pró-labore de um salário mínimo no primeiro ano e, com o crescimento do negócio, as retiradas serão definidas ano a ano como percentuais proporcionais à receita da empresa.

> É importante que todas as informações relacionadas a benefícios, participação em resultados etc. estejam contempladas na planilha financeira do PN e na seção de Finanças!

> Foi apresentada a evolução do número de funcionários. Essa informação poderia ainda ser mostrada em um organograma. Trata-se de um dado importante e que sempre deve constar no PN escrito e não apenas na planilha financeira ou na seção de Finanças!

5. PRODUTOS E SERVIÇOS

Os serviços a serem oferecidos pela ORGANIKA terão como diferencial a entrega diária, além da qualidade já exigida pelo mercado de produtos orgânicos, bem como sua variedade. Sua operação abrangerá a região metropolitana da cidade de São Paulo. O foco será a venda de frutas, legumes e verduras. Será observada a sazonalidade de produtos, oferecendo sempre o que há de mais fresco e com excelência de qualidade aos consumidores. Os produtores serão selecionados entre os mais bem preparados e capacitados, bem como certificados e que estejam em um raio de atuação próximo da Grande São Paulo. Os pacotes de serviços resumem-se à assinatura mensal e vendas individuais. Os valores praticados em reais pela ORGANIKA para as assinaturas e o *ticket* médio mensal previsto com as vendas esporádicas são apresentados a seguir. A empresa fez as projeções considerando uma margem de 50% no preço de venda dos produtos.

> Os benefícios e diferenciais para o consumidor são a entrega diária de produtos orgânicos de qualidade (pergunta A). Os produtos orgânicos são o principal apelo do negócio: saúde e sustentabilidade (pergunta B).

> A pergunta C não se aplica e a pergunta D é respondida principalmente pelo fato de haver entrega diária, o que permite (em tese) que produtos frescos sejam disponibilizados ao consumidor. Os produtos são perecíveis e precisam ser vendidos com rapidez.

> A premissa de venda de assinaturas é interessante, mas não parece ter sido muito bem aceita pelos prováveis consumidores que responderam à pesquisa primária: na Figura 3 da seção de Mercado e de Competidores, apenas 3% dos consumidores mostraram-se propensos ao pacote de benefícios (plano de assinatura)!

Premissas comerciais	Ano 1	Ano 2	Ano 3	Ano 4	Ano 5
Assinatura mensal	25	25	30	30	40
Ticket médio obtido com *e-commerce* (vendas)	R$ 75,00	R$ 75,00	R$ 85,00	R$ 90,00	R$ 95,00

A empresa também terá uma pequena receita de publicidade de anunciantes no *site*.

6. ESTRUTURA E OPERAÇÕES

A ORGANIKA localiza-se na cidade de São Paulo, em um escritório com todos os equipamentos básicos necessários ao funcionamento e gerenciamento da empresa, como computadores conectados à internet, telefones, mesas e cadeiras, além de dois refrigeradores industriais para manter um pequeno estoque de produtos no local, de acordo com as regulamentações e condições definidas pela vigilância sanitária e órgãos congêneres.

O *site* será desenvolvido por uma empresa terceirizada, que será a responsável por sua manutenção. Estará hospedado no servidor de uma empresa renomada, o que aumenta a confiabilidade do sistema.

A entrega dos produtos ao cliente será realizada por uma transportadora terceirizada.

O transporte dos produtos dos fornecedores até a ORGANIKA será realizado pelos próprios fornecedores até a sede da empresa, situada nas proximidades do Parque da Água Branca. Os produtores/fornecedores foco da parceria com a ORGANIKA serão os que participam da feira de produtos orgânicos que ocorre no Parque da Água Branca, três vezes por semana.

A operação da empresa dependerá de outros processos, tais como:

Descreve, de maneira bastante sucinta, os principais processos do negócio. Esta seção, de fato, deve ser a mais objetiva do PN, mas, por outro lado, impossibilita abordar adequadamente todas as perguntas (A a H). Aqui, foram abordadas objetivamente apenas as perguntas B, D, E e F. <este olho deve conectar-se com o parágrafo acima e com o enunciado abaixo>

Um aspecto crítico desse negócio são as alianças estratégicas (pergunta B). Quem são os fornecedores de produtos? Como são selecionados os fornecedores? Como se desenvolve a parceria? São aspectos-chave desse negócio que poderiam ter sido mais bem explicados. Além disso, poderia ter sido abordada a forma como é feita a seleção de produtos (pergunta D).

- Gerenciamento das vendas diárias *on-line* para a realização dos pedidos aos fornecedores.
- Gerenciamento da entrega/recebimento de produtos junto à transportadora.
- Verificação e separação dos produtos para a montagem das cestas a serem entregues a cada cliente.
- Gestão administrativa, de pessoal e financeira.
- Marketing para consumidores e para anunciantes no *site*.
- Suporte *on-line* e telefônico para consumidores e anunciantes.
- Desenvolvimento de novos fornecedores, parcerias e anunciantes
- Gerenciamento das informações no *site*, como produtos disponíveis e curiosidades sobre os produtos orgânicos.

7. MARKETING E VENDAS

Posicionamento

> Os 4Ps da estratégia de marketing são apresentados em poucas palavras. O posicionamento é ratificado uma vez mais no PN: produtos de qualidade entregues aos consumidores todos os dias da semana, ou seja, priorizam-se os atributos qualidade e conveniência/ disponibilidade (pergunta A).

A ORGANIKA será uma feira virtual de produtos orgânicos direcionada aos consumidores das classes econômicas A e B, em que se insere uma nova proposta: fornecer produtos frescos, corretamente embalados, na residência do consumidor, em todos os dias da semana. Esse detalhe é fundamental, visto que 90% dos concorrentes oferecem esses produtos somente uma vez por semana. Além do mais, o foco da ORGANIKA será no setor de hortifruti, ou seja, exclusivamente frutas, legumes e verduras. Com esse tipo de especialização e garantia de qualidade de entrega, a ORGANIKA fará a diferença nesse mercado competitivo, porém em forte expansão.

Preço

> A política de preços praticada foca em preços mais baixos que os da concorrência. Esse é um desafio difícil de ser atendido, pois qualidade, conveniência e disponibilidade a preços mais baixos nem sempre são possíveis de praticar ao mesmo tempo. Na planilha do PN, a estratégia do negócio se mostra promissora, mas os empreendedores devem monitorar o dia a dia para ratificar essa premissa de preço! (pergunta B).

Na pesquisa realizada sobre o consumo de orgânicos, constatou-se que um dos motivos principais para o não consumo ou para o consumo esporádico de produtos orgânicos, indicados por 54% dos entrevistados, foi o fator "preço". Considerando o valor médio da concorrência no *e-commerce* dos produtos de hortifruti na ordem de R$ 4,00 a R$ 10,00, a proposta da ORGANIKA consiste em praticar preços mais competitivos com o compromisso diferenciado da entrega diária dos produtos. Será cobrado o serviço de entrega. A proposta de oferta de bônus e descontos pela fidelização do cliente compõe outra vantagem da loja em relação à concorrência. Para o anunciante no *site*, segue-se o padrão utilizado pelas empresas *on-line* para a venda de publicidade por meio de assinatura mensal no valor aproximado de R$ 250,00 no primeiro ano.

Praça

A captação de clientes será realizada principalmente pela internet, foco do negócio da ORGANIKA, por meio de *sites* de busca especializados em cultura orgânica com publicidade. A abordagem visual será realizada com *banners*, *folders* e panfletos com

> *Apesar de o negócio on-line aparentemente não ter limites geográficos de atuação, no caso da ORGANIKA isso não é verdade. Cabe delimitar a região de entrega para cumprir a missão de disponibilizar diariamente produtos frescos ao consumidor (pergunta C). Aqui, a empresa limita-se, inicialmente, à cidade de São Paulo, mas poderia ter deixado mais claro quais regiões serão priorizadas na cidade, já que se trata de uma grande área de atuação geográfica.*

conteúdo cognitivo a respeito do assunto, em lojas especializadas de produtos orgânicos. O foco serão os consumidores das classes econômicas A e B residentes na cidade de São Paulo.

Promoção/comunicação

A divulgação da ORGANIKA será inicialmente realizada pela publicidade *on-line*, *sites* de busca como o Google e mediante um plano de mídia, em que serão avaliados os meios mais convenientes para sua publicidade, que deverão ser voltados para o consumo orgânico, sendo os *banners* em revistas especializadas em saúde, estilo de vida e agronegócios os meios mais propensos à divulgação do nosso produto. Serão ainda desenvolvidas parcerias com os anunciantes do *site*, como restaurantes que utilizam produtos orgânicos em seus pratos, para que os usuários da ORGANIKA tenham vantagens nesses estabelecimentos, estimulando o consumo de orgânicos em casa e em restaurantes.

> *As ações de propaganda/comunicação poderiam ter sido complementadas com a apresentação do orçamento do plano de marketing do negócio. Essa informação consta na planilha do PN, mas precisaria ser exposta aqui também (pergunta D).*

Projeção de vendas

A ORGANIKA se apresentará ao mercado como uma empresa virtual que se destaca pela inovação de vendas virtuais diferenciadas, e com fatores considerados decisivos para a prestação de seus serviços, tais como o preço competitivo e o sistema de entrega diária, características consideradas inovadoras dentro do segmento a que se propõe.

Estudos realizados no mercado da concorrência evidenciaram a expansão das atividades da ORGANIKA em um período de cinco anos, elevando-a à condição de um importante *player* desse segmento comercial. Foram consideradas nessa projeção as seguintes premissas:

- Número de acessos únicos ao *site* no primeiro ano: cerca de 2.100 pessoas; e no quinto ano: cerca de 4.000 pessoas, caracterizando um aumento aproximado de 100%.

> *A projeção de vendas é precedida das principais premissas que os empreendedores utilizaram para chegar aos resultados. Com isso, fica claro o memorial de cálculo utilizado. O negócio é pequeno em termos de faturamento se considerarmos o potencial desse tipo de venda para o mercado paulistano. Aqui cabe analisar o perfil da equipe empreendedora e sua ambição. Alguns empreendedores podem adotar uma abordagem mais agressiva. Outros, como no caso da ORGANIKA, optam por definir um horizonte mais provável e aparentemente realizável. Ambas as abordagens apresentam riscos e oportunidades! (pergunta E). Como o negócio encontra-se em um mercado bastante pulverizado, fica difícil estimar a participação de mercado da empresa.*

- Número de assinantes (estabelecimentos com propaganda) cadastrados no primeiro ano: 1 (um); e no quinto ano: 3 (três), caracterizando um aumento de 300%.
- Valor (*ticket*) médio de vendas obtidas (*e-commerce*) no primeiro ano: média de R$ 75,00; e no quinto ano: média de R$ 95,00, caracterizando um aumento de 27% no valor da compra.

Com isso, apresenta-se a projeção de vendas da empresa para os próximos cinco anos.

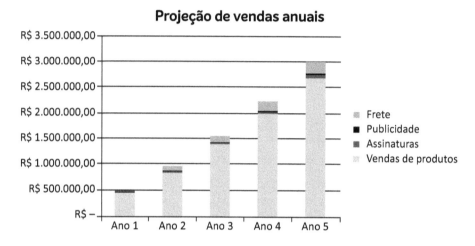

8. ESTRATÉGIA DE CRESCIMENTO

Aqui a análise SWOT não foi feita em formato de tabela, mas, mesmo assim, está clara. A pergunta A, que trata da missão e da visão do negócio, poderia ter sido respondida com mais clareza.

O ambiente do negócio e as características singulares da ORGANIKA podem ser entendidos por meio de uma análise SWOT, apresentada a seguir.

Forças

Conhecimento sobre os principais concorrentes;

- Focado em um nicho de mercado, com suas próprias particularidades.
- Modelo ancorado no principal ponto em que os consumidores sentem dificuldades para adquirir os produtos de outros concorrentes: entregas diárias.

As principais forças do negócio são apresentadas, com destaque para o grande diferencial da empresa: a entrega diária (pergunta B).

Fraquezas

- Marca desconhecida.
- Poucos recursos e necessidade de aporte financeiro para a empresa.

> *As fraquezas geralmente são pouco enfatizadas pelos empreendedores. Aqui, poderiam ter mostrado o fato de a empresa ainda não ter provado se o seu modelo de negócio funcionará: a entrega diária é viável? (pergunta C).*

Oportunidades

- Mercado em forte expansão, principalmente na região de atuação da ORGANIKA.
- Os concorrentes diretos têm dificuldades para realizar entregas diárias.

> *As oportunidades já ficaram claras na extensa análise de mercado apresentada. Aqui, tem-se uma síntese que deverá ser usada como base para a estratégia de crescimento da empresa (pergunta D).*

Ameaças

- Grupos varejistas que estão há mais tempo no mercado têm o potencial de realizar quedas de preços para combater a concorrência.
- Expansão de negócios de outros empreendedores que já atuam há algum tempo neste mercado, com clientela já definida.
- Falta de mão de obra especializada no assunto.
- A variedade de produtos nem sempre é possível em épocas específicas do ano.
- Sazonalidade.

> *Além das ameaças apresentadas, pode haver a migração de outros concorrentes, caso considerem viável, para o mesmo modelo de negócio da ORGANIKA (entrega diária). Isso porque não há barreira de entrada que impeça outros players de copiar o que a ORGANIKA faz (pergunta E).*

Objetivos e metas

A ORGANIKA será focada na comercialização de produtos orgânicos, com foco principal na prestação de um serviço de qualidade. As receitas serão geradas a partir da venda direta dos produtos para seus consumidores finais, que, inicialmente, serão o público das classes A e B, não pelo fato de terem maior poder aquisitivo, mas por serem mais bem informados sobre o tipo de produto que estão consumindo. Após a consolidação do negócio, a meta é atingir toda a região metropolitana da grande São Paulo, abrangendo maior quantidade de pessoas dentro do público-alvo da empresa. Naturalmente, há riscos e desafios, claramente identificados na análise SWOT, para se atingirem os objetivos de negócio da ORGANIKA.

> *A empresa não deixa claro quais são seus objetivos e metas. Sem essas informações, também não é possível entender claramente sua estratégia de crescimento (perguntas F e G). Isso é crítico, pois todas as projeções de crescimento decorrem (ou deveriam decorrer) da estratégia adotada.*

No entanto, o comprometimento de toda a sua equipe sugere a correta execução da estratégia de negócio definida para o crescimento da empresa.

9. FINANÇAS

As premissas financeiras encontram-se detalhadas na planilha que acompanha este plano de negócios. A seguir, apresenta-se uma síntese das principais premissas utilizadas no desenvolvimento do PN.

Premissas comerciais	Ano 1	Ano 2	Ano 3	Ano 4	Ano 5
Assinatura mensal	25	25	30	30	40
Ticket médio obtido com *e-commerce* (vendas)	R$ 75,00	R$ 75,00	R$ 85,00	R$ 90,00	R$ 95,00

As principais premissas que dão base às projeções financeiras são apresentadas de maneira resumida na seção de Finanças e em detalhes na planilha financeira do PN, com comentários específicos para o entendimento da lógica utilizada pelos empreendedores (pergunta C).

Premissas de número de usuários	Ano 1	Ano 2	Ano 3	Ano 4	Ano 5
Orçamento anual de Google Ads	R$ 6.000,00	R$ 7.200,00	R$ 8.400,00	R$ 9.600,00	R$ 10.800,00
Orçamento de Google Ads/mês	R$ 500,00	R$ 600,00	R$ 700,00	R$ 800,00	R$ 900,00
Taxa média paga por palavra-chave (Google Ads)	R$ 0,30	R$ 0,32	R$ 0,34	R$ 0,36	R$ 0,38
Número de visitas ao *site*/mês (via Google Ads)	1.667	1.875	2.059	2.222	2.368
Número de visitas ao *site*/mês (orgânico)	500	750	1.029	1.333	1.658
Número de cadastros no *site*/mês (via Google Ads e orgânico)	183	244	309	378	450
Número acumulado de cadastros de usuários	2.200	5.125	8.831	13.364	18.764
Número de assinantes efetivos/ano	7	22	48	88	144

Orçamento com comunicação	Ano 1	Ano 2	Ano 3	Ano 4	Ano 5
Orçamento de marketing (Google Ads)	R$ 6.000,00	R$ 7.200,00	R$ 8.400,00	R$ 9.600,00	R$ 10.800,00
Orçamento de marketing (parcerias com restaurantes – panfletagem)	R$ 1.000,00	R$ 1.500,00	R$ 2.000,00	R$ 2.500,00	R$ 3.000,00
Orçamento de marketing (anúncios em sites)	R$ 2.000,00	R$ 2.500,00	R$ 3.000,00	R$ 3.500,00	R$ 4.000,00
Orçamento total de mkt ao ano	R$ 9.000,00	R$ 11.200,00	R$ 13.400,00	R$ 15.600,00	R$ 17.800,00

Premissas de receita com publicidade	Ano 1	Ano 2	Ano 3	Ano 4	Ano 5
Número de acessos únicos ao site/mês	2.167	2.625	3.088	3.556	4.026
Valor médio de receita de publicidade/acesso	R$ 0,12	R$ 0,24	R$ 0,30	R$ 0,30	R$ 0,30
Base de assinantes (estabelecimentos cadastrados pagantes)	1	2	2	3	3
Receita média de publicidade/mês	R$ 260,00	R$ 1.260,00	R$ 1.852,94	R$ 3.200,00	R$ 3.623,68

> Na seção de Marketing e Vendas, não foi apresentado o orçamento anual de marketing, mas esse dado é mostrado aqui. Parece pouco investimento para as expectativas de retorno da empresa. É comum os empreendedores subestimarem esse tipo de desembolso, mas deveriam ficar atentos à importância que um bom investimento em marketing tem para qualquer negócio!

Os principais investimentos, despesas e custos também foram consolidados na planilha e resumidos no PN conforme tabelas a seguir.

Investimentos em infraestrutura	Ano 1	Ano 2	Ano 3	Ano 4	Ano 5
Computadores, móveis etc.	R$ 12.000,00	R$ –	R$ 3.000,00	R$ 3.000,00	R$ 2.000,00
Refrigeradores	R$ 16.000,00	R$ 4.000,00	R$ 5.000,00	R$ 5.000,00	R$ 5.000,00
Impressora	R$ 1.600,00	R$ –	R$ –	R$ –	R$ –
Balança	R$ 400,00	R$ –	R$ –	R$ –	R$ –
Outros	R$ 2.000,00	R$ 500,00	R$ 1.500,00	R$ 500,00	R$ 1.000,00
TOTAL	**R$ 32.000,00**	**R$ 4.500,00**	**R$ 9.500,00**	**R$ 8.500,00**	**R$ 8.000,00**

Despesas operacionais	Ano 1	Ano 2	Ano 3	Ano 4	Ano 5
Telefonia, energia elétrica e demais itens de telecomunicações	R$ 6.000,00	R$ 6.360,00	R$ 6.741,60	R$ 7.146,10	R$ 7.574,86
Internet	R$ 2.400,00	R$ 2.671,20	R$ 2.831,47	R$ 3.001,36	R$ 3.181,44
Assessoria jurídica	R$ 4.800,00	R$ 3.600,00	R$ 4.800,00	R$ 6.000,00	R$ 7.200,00
Demais despesas de comunicação (folder, cartões, publicações)	R$ 1.200,00	R$ 1.272,00	R$ 1.348,32	R$ 1.429,22	R$ 1.514,97
Aluguel/condomínio	R$ 25.200,00	R$ 23.572,08	R$ 25.724,21	R$ 28.072,83	R$ 30.635,88
Contador	R$ 7.200,00	R$ 7.704,00	R$ 8.243,28	R$ 8.820,31	R$ 9.437,73
Material de escritório	R$ 1.800,00	R$ 1.800,00	R$ 4.800,00	R$ 4.800,00	R$ 6.000,00
Limpeza e manutenção do escritório	R$ 4.800,00	R$ 5.520,00	R$ 6.348,00	R$ 14.600,40	R$ 16.790,46
Viagens e treinamentos	R$ 24.000,00	R$ 12.000,00	R$ 12.000,00	R$ 24.000,00	R$ 24.000,00
Outros	R$ 5.900,00	R$ 3.600,00	R$ 3.600,00	R$ 24.000,00	R$ 6.000,00
TOTAL	R$ 83.300,00	R$ 68.099,28	R$ 76.436,88	R$ 121.870,22	R$ 112.335,35

Seguindo o mesmo padrão dos demais PNs do livro, os empreendedores da ORGANIKA apresentam resumidamente os investimentos, despesas e custos inerentes ao negócio para um horizonte de cinco anos. Na planilha, esses dados são apresentados de maneira detalhada mês a mês (perguntas A e B).

Custos	Ano 1	Ano 2	Ano 3	Ano 4	Ano 5
Agência web (desenvolvimento e manutenção do site)	R$ 3.600,00	R$ 4.200,00	R$ 4.800,00	R$ 14.400,00	R$ 3.600,00
Publicidade e promoções	R$ 9.000,00	R$ 9.000,00	R$ 9.000,00	R$ 15.600,00	R$ 17.800,00
Compra de produtos	R$ 226.237,50	R$ 385.863,75	R$ 561.510,00	R$ 801.252,00	R$ 809.029,50
Embalagens	R$ 3.992,00	R$ 7.556,00	R$ 10.910,00	R$ 14.700,00	R$ 18.747,00
Operadoras de cartão de crédito/débito	R$ 27.148,50	R$ 51.448,50	R$ 84.226,50	R$ 120.187,80	R$ 161.805,90
Transporte terceirizado	R$ 116.160,00	R$ 198.440,00	R$ 271.040,00	R$ 358.160,00	R$ 445.280,00
TOTAL	R$ 386.138,00	R$ 656.508,25	R$ 941.486,50	R$ 1.324.299,80	R$ 1.456.262,40

A seguir, apresenta-se a evolução do número de colaboradores e os desembolsos com salários e benefícios.

GASTOS TOTAIS COM SALÁRIOS/BENEFÍCIOS	Ano 1	Ano 2	Ano 3	Ano 4	Ano 5
CONSELHO					
Conselheiros	R$ 0,00	R$ 9.000,00	R$ 18.000,00	R$ 18.000,00	R$ 9.000,00
ADMINISTRATIVO/ FINANCEIRO					
Proprietário (pró-labore)	R$ 7.500,00	R$ 34.299,00	R$ 70.188,75	R$ 140.219,10	R$ 269.676,50
Supervisor de operações (pró-labore)	R$ 7.500,00	R$ 34.299,00	R$ 70.188,75	R$ 140.219,10	R$ 269.676,50
Assistente de operações	R$ 7.875,00	R$ 24.300,00	R$ 41.990,40	R$ 63.772,92	R$ 88.771,90
GASTOS TOTAIS COM FUNCIONÁRIOS	**R$ 22.875,00**	**R$ 101.898,00**	**R$ 200.367,90**	**R$ 362.211,12**	**R$ 637.124,90**

QUANTIDADE DE FUNCIONÁRIOS	Ano 1	Ano 2	Ano 3	Ano 4	Ano 5
CONSELHO					
Conselheiros	0	1	1	1	1
ADMINISTRATIVO/FINANCEIRO					
Proprietário (pró-labore)	1	1	1	1	1
Supervisor de operações (pró-labore)	1	1	1	1	1
Assistente de operações	1	2	3	4	5
TOTAL DE FUNCIONÁRIOS	**3**	**4**	**5**	**6**	**7**
TOTAL DE FUNCIONÁRIOS + CONSELHEIROS	**3**	**5**	**6**	**7**	**8**

> *A evolução do número de funcionários poderia ter sido apresentada em formato de gráfico ou tabela na seção de Equipe de Gestão, mas o importante é que foi mencionada aqui. Nota-se que o negócio cresce pouco em estrutura para as ambições de faturamento. Será que com apenas oito pessoas no quinto ano a empresa consegue atingir os resultados almejados? É difícil ou praticamente impossível responder com exatidão a essa questão, mas parece improvável o negócio crescer de maneira tão enxuta como o previsto.*

Com base nas premissas comerciais, foi desenvolvida a projeção de receita do negócio em um horizonte de cinco anos.

RESULTADOS ANUAIS	Ano 1	Ano 2	Ano 3	Ano 4	Ano 5
Assinaturas	R$ 1.000,00	R$ 4.425,00	R$ 12.840,00	R$ 24.960,00	R$ 56.640,00
Publicidade	R$ 3.120,00	R$ 15.120,00	R$ 22.235,29	R$ 38.400,00	R$ 43.484,21
Vendas de produtos	R$ 452.475,00	R$ 857.475,00	R$ 1.403.775,00	R$ 2.003.130,00	R$ 2.696.765,00
Frete	R$ 42.266,58	R$ 80.078,03	R$ 115.650,36	R$ 155.842,72	R$ 198.753,19
RECEITA TOTAL	**R$ 498.861,58**	**R$ 957.098,03**	**R$ 1.554.500,65**	**R$ 2.222.332,72**	**R$ 2.995.642,40**

Os resultados consolidados mostram que a ORGANIKA é uma empresa com grande potencial de desenvolvimento e se mostra lucrativa já no segundo ano de operação.

RESULTADOS ANUAIS	Ano 1	Ano 2	Ano 3	Ano 4	Ano 5
Publicidade	R$ 3.120,00	R$ 15.120,00	R$ 22.235,29	R$ 38.400,00	R$ 43.484,21
Assinaturas	R$ 1.000,00	R$ 4.425,00	R$ 12.840,00	R$ 24.960,00	R$ 56.640,00
Vendas de produtos	R$ 452.475,00	R$ 857.475,00	R$ 1.403.775,00	R$ 2.003.130,00	R$ 2.696.765,00
Frete	R$ 42.266,58	R$ 80.078,03	R$ 115.650,36	R$ 155.842,72	R$ 198.753,19
Receita total bruta	R$ 498.861,58	R$ 957.098,03	R$ 1.554.500,65	R$ 2.222.332,72	R$ 2.995.642,40
Impostos sobre a receita bruta	R$ 27.677,52	R$ 70.601,89	R$ 141.247,48	R$ 250.040,00	R$ 453.514,66
Receita líquida	R$ 471.184,07	R$ 886.496,14	R$ 1.413.253,17	R$ 1.972.292,72	R$ 2.542.127,74
Custos	R$ 386.138,00	R$ 656.508,25	R$ 941.486,50	R$ 1.324.299,80	R$ 1.456.262,40
Investimentos na infraestrutura	R$ 32.000,00	R$ 4.500,00	R$ 9.500,00	R$ 8.500,00	R$ 8.000,00
Despesas	R$ 83.300,00	R$ 68.099,28	R$ 76.436,88	R$ 121.870,22	R$ 112.335,35
Funcionários	R$ 22.875,00	R$ 101.898,00	R$ 200.367,90	R$ 362.211,12	R$ 637.124,90
LUCRO ANUAL	**R$ (53.128,93)**	**R$ 55.490,61**	**R$ 185.461,88**	**R$ 155.411,58**	**R$ 328.405,09**

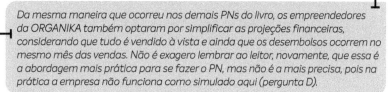

Da mesma maneira que ocorreu nos demais PNs do livro, os empreendedores da ORGANIKA também optaram por simplificar as projeções financeiras, considerando que tudo é vendido à vista e ainda que os desembolsos ocorrem no mesmo mês das vendas. Não é exagero lembrar ao leitor, novamente, que essa é a abordagem mais prática para se fazer o PN, mas não é a mais precisa, pois na prática a empresa não funciona como simulado aqui (pergunta D).

A partir do gráfico de exposição do caixa e da planilha detalhada do PN, pode-se ainda concluir que a ORGANIKA tem máxima exposição do caixa no mês 7, o que equivale a uma máxima necessidade de recursos de cerca de R$ 58 mil. O capital inicial é de aproximadamente R$ 30 mil, o retorno do investimento ocorre no mês 24, a TIR é de 187% e o VPL, de R$ 370 mil (a uma taxa de desconto de 15% a.a.). Os valores de *pre-money* e *post-money* são de R$ 370 mil e R$ 427 mil, respectivamente. O investidor interessado em aportar o montante necessário para operacionalizar a empresa (R$ 58 mil) terá como contrapartida 13% de participação no negócio.

> Não foram apresentados cenários alternativos neste plano de negócios (pergunta G).

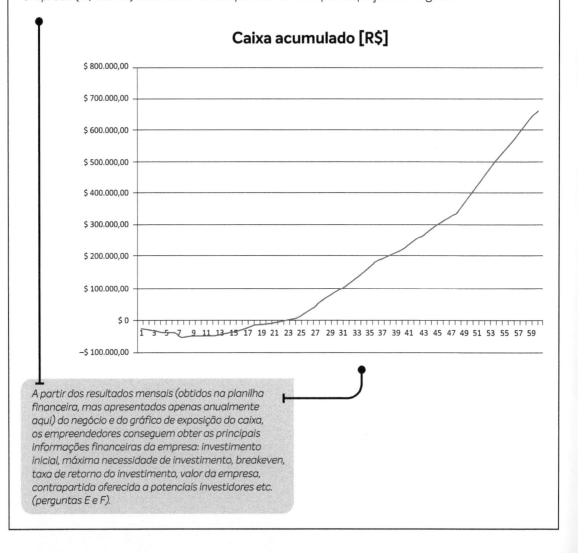

Caixa acumulado [R$]

> A partir dos resultados mensais (obtidos na planilha financeira, mas apresentados apenas anualmente aqui) do negócio e do gráfico de exposição do caixa, os empreendedores conseguem obter as principais informações financeiras da empresa: investimento inicial, máxima necessidade de investimento, breakeven, taxa de retorno do investimento, valor da empresa, contrapartida oferecida a potenciais investidores etc. (perguntas E e F).

MATERIAL COMPLEMENTAR

Todo material complementar deste livro encontra-se no *site* www.josedornelas.com.br e pode ser obtido gratuitamente:

- Planilhas.
- Apresentações.
- Textos explicativos sobre conceitos apresentados no livro.
- Exemplos de planos de negócios.
- *Check-list* sobre aspectos-chave do plano de negócios.
- Vídeos com dicas e conceitos acerca do plano de negócios.

No livro *Empreendedorismo: transformando ideias em negócios*, há referencial teórico completo e detalhado para auxiliá-lo no entendimento da teoria sobre plano de negócios.

No livro *Plano de negócios – seu guia definitivo*, você terá acesso a uma metodologia comprovada e eficaz no desenvolvimento de planos de negócios (a mesma utilizada neste livro) e pode conhecer um exemplo de plano de negócios (comentado) de uma empresa do setor de turismo.